谈谈方法

[法]勒内·笛卡尔 著 于远超 译

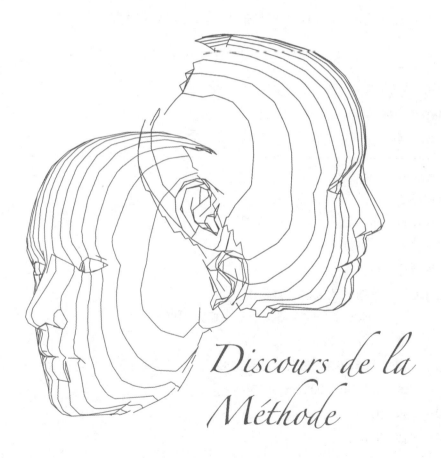

Discours de la Méthode

陕西师范大学出版总社

图书代号　SK23N1761

图书在版编目（CIP）数据

谈谈方法 /（法）勒内·笛卡尔著；于远超译 . —西安：
陕西师范大学出版总社有限公司，2023.12

　　ISBN 978-7-5695-3427-6

　　Ⅰ. ①谈…　Ⅱ. ①勒…　②于…　Ⅲ. ①哲学理论－法国－
近代　Ⅳ. ① B565.21

中国国家版本馆 CIP 数据核字（2023）第 006043 号

谈谈方法

TANTAN FANGFA

［法］勒内·笛卡尔　著　于远超　译

出 版 人	刘东风
特约编辑	白　琪
责任编辑	高　歌
责任校对	王淑燕
封面设计	王　鑫
出版发行	陕西师范大学出版总社
	（西安市长安南路 199 号　邮编 710062）
网　　址	http://www.snupg.com
印　　刷	小森印刷（北京）有限公司
开　　本	787 mm×1092 mm　1/16
印　　张	12
字　　数	143 千
版　　次	2023 年 12 月第 1 版
印　　次	2023 年 12 月第 1 次印刷
书　　号	ISBN 978-7-5695-3427-6
定　　价	69.00 元

目录 *Discours de la Méthode*

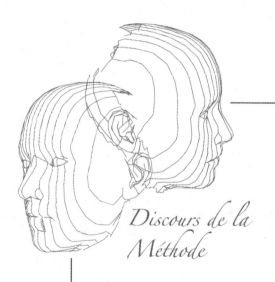

Discours de la
Méthode

谈 谈 方 法

[讨论如何准确地利用自身的理性在各门学科中探寻到真理]

说　明

　　如果大家感觉这篇谈话的内容过长，无法一下子读完，不妨把它分为六部分。第一部分我们将会看到作者是如何看待各门学问的。第二部分，是作者对于找到的那种办法罗列出的几项重点准则。第三部分，是作者从所寻办法中推导出的必须遵守的行为准则。第四部分，是作者为神存在、灵魂存在所找的理论依据，这些也即他形而上学理论的哲学基础。第五部分，是他对自己探究过的一系列自然哲学，尤其是心脏的运动和许多其他的医学难题进行的阐释，以及人和兽类在灵魂上的差异。最后一部分，是作者为了让自然的研究更进一步而提出的关于哪些事情是必做不可的建议，还有他写这本书是出于什么样的目的。

第一部分

　　良知，是人类拥有的最均衡的东西。由于每个人都自以为有着足够的良知，即使是那些在某些方面欲壑难平的人，也从不认为自己缺少良知，总是想得到更多。在这一点上，也不能说每个人都错了，不过也正好佐证了，对事物进行准确判断、甄别真伪的能力，即人们一直叫作"良知"或"理性"的这类存在，每人原本拥有的都相同；我们之所以观点迥然不同，根本不是因为有的人理性较多，有的人理性较少，仅仅是因为我们思维活动的方式不一样，所关注的对象不一样而已。只有聪明智慧还远远不够，关键要学会如何准确地利用它们。出色的人诚然能做出惊天动地的伟业，但也照样能制造出最恶劣的事端。步调迟缓的人，只消一直沿着正确的道路前行，自然就可以远远超越那些在邪路上飞奔的人。

　　以我为例，我从不认为自己拥有无与伦比的智慧，我并非天赋异禀，以至于我时常期待自己能像某些人那样思维敏捷，具有与他们同样鲜明的记忆、渊博的学识或者丰富的想象力。撇开这些方面，我真不知道还可以学习什么样的美德才能使自己才识过人。就以理性或良知而论，它已然是促使我们成为人、把我们与兽类区别开的唯一因素，我相信在每个人身上它都是完完全全存在的，因此我很赞同当代哲学家们在这方面的见解，即每一种属的每个单独的个体所拥有的偶性[1]多少可以不等，但是在形式或本性方面并没有多大的差别。

但是我依然可以斗胆说，我算是个幸运儿，从年轻时起，就已经寻找到了几条蹊径，进而进行了细致的观察，发现了一些标准，因此形成了自己的独特方法。通过这种方法，我认为让自己的学问逐步积累起来完全不成问题——让我庸常的知识水平得到提高，达到生命所允许达到的最高水准。由于我早已借助这种方法获得了不少成绩，虽然我审视自己一贯颇为严格，习惯自我贬低，从不敢过于倨傲，虽然我用哲学家的视角来剖析人们所从事的职业和进行的各种活动，认为那全都是不切实际而且毫无意义的，但是我仍然抑制不住自认为在探寻真理方面取得的突破所带来的极大愉悦，认为未来会鹏程万里。假如刚正的人所做的工作中有一项是有价值且不可或缺的，那我相信这正是我所选择的方向。

但没准是我出现了谬误，可能只找到黄铜和玻璃之类，却冠之以金石的美名。我十分清楚，凡事只要涉及自身，我们就极易犯错。当朋友的评价对我们有益时，我们也要对此有所怀疑。但是，我很乐意在这篇谈话里把自己的经历向你们阐明，并一五一十地讲述出来，让大家对此做出自己的判断，我也能从大家的言论中听取你们对我的看

---

[1] 偶性为亚里士多德在《形而上学》中提出的。偶性为一种性质，经院哲学认为偶性为事物偶有的属性，非事物固有的性质。偶性是否存在，都不影响某物成为某物。

法。这是我平常一贯采取的自我教育的方式之外新增加的一种手段。

所以，我并不准备传授给你们什么方法，以至于让每个人都觉得要想让理性应用得自如而毫无偏差，就必须把它奉为圭臬。我只是想把自己运用理性的方法告诉你们。做着向别人发布命令工作的人肯定觉得自己比别人优秀，那么假如出现了什么错误他就必得接受批评。但是我的这本书里说的都是传记一类的内容，或者说类似故事的内容，当中有些事例大家可以模仿，或许也有不少例子大家能找到依据而不必恪守，因此我期望它能对部分人有所帮助但对所有人都无害，期待我的坦诚能得到你们的认可。

我从小就接受书本知识。因为我相信别人说的，通过读书能学到清楚准确的学问，能知晓所有对人有帮助的哲理，因此我孜孜不倦地进行着学习。但是等所有的功课都结束，按部就班毕了业，获得应有的学位后，我的观点就发生了翻天覆地的变化。这是由于我意识到自己已经被怀疑和错误紧紧包围，发现我刻苦地学习其实并没获得什么益处，反而越来越感觉到自己愚蠢。但是我求学时进的是欧洲有名的贵族学校[1]，假如真有学富五车的人，我认为那里一定会有。在那里，我把他人所学的所有课程都学了一遍，以至于学校教授所讲授的内容已经不能满足我的求知欲，只要是大家感觉特别新奇、特别怪异的知识，但凡能找到涉猎这些内容的书，我都一一读过。除此以外，我也很清楚别人对我的看法，我还不曾遇到认为我不如别的同学的人，尽管我有些同学已被遴选，将继承老师的衣钵。最后，我认为这个时代

---

[1] 笛卡尔于 1604 年进入法国的亨利四世公学，该贵族学校位于西部的安茹省拉弗莱什城，由国王创设，耶稣会士管理。笛卡尔一直在该校学习，并于 1616 年获得硕士学位。

人才济济，才俊辈出，一点也不逊色于任何时代，这就能够让我坦然地对所有人做出评判，并且相信人们一直期望的真正靠得住的理论，在世上并不存在。

虽然如此，对于学校里组织的各种练习[1]，我一刻也不曾忽视。我很清楚：在学校里所学的希腊文和拉丁文，是了解古书内容的首要前提；寓言故事中的随机应变，总能让人醍醐灌顶；史书上所记载的千秋伟业，能让人深受鼓舞；仔细研读历史，可以让人学会当机立断，进行正确取舍；阅读好书，就像拜访著书的先贤智者一样，仿佛在与他们倾心交谈，并进行深层次的交流，他们呈现给我们的都是他们思想的精髓。我也深知：强有力的辩论言辞优美，气势豪放无可比拟；而诗词含蓄缠绵、动人心魄；数学蕴含着无限的奥秘，用途广泛，不但能满足人的求知欲，还有助于其他技术的发展，让人们降低劳动强度；弘扬风俗习惯的作品中蕴含着不少训诫与劝告，规劝人们贤淑有德、与人为善；神学给人们指引着一条通天大道；哲学教会人们直抒己见，畅所欲言，引起浅薄之人的钦羡；法学和医学等知识，常常给研究学问的人带来功名利禄。并且我还知道：知识渊博的人能够触类旁通，连最盲目崇拜、最荒诞无稽的事物也要紧紧抓住，做这些没坏处，了解它们的底细，能避免被它们欺骗。

但是我觉得自己在语言文字上所消耗的精力不少了，像诵读古文、阅读历史、翻阅寓言故事，我已花掉了很多时间。由于和古人交流就像到国外旅行一样，多少了解一点外国的奇特风俗是有益处的，这可以帮我们恰如其分地看待本土风俗，不会如同眼界狭隘看不到外面的

---

[1] 即该校在一年级至三年级开设的古代希腊文和拉丁文的基础课程。

人那样，总觉得违背了本土风俗习惯的所有事情全是令人好笑、毫无道理可言的。不过长期在外自然就会慢慢对本土生分，对历史事件过于沉迷有时就会对现代的事物毫不了解。更别说寓言故事常会使人产生不切实际的幻想，把很多概率是零的事当作可能会发生的事。即使是最诚实的史册，就算没有编造事实、夸大其词来让记录更加曲折动人，起码也常常省去很多枝枝叶叶，所以并不能和史实完全相符；倘若把这当作典范生搬硬套，有时就会像传奇里的大侠一样变得十分虚浮，设想的计划往往就不能完成。

我特别重视雄辩，而且也酷爱诗词。但是我觉得雄辩与诗词皆起因于人们横溢的才华，并不是研究出来的结果。倘若一个人具有很强的推断能力，他就很擅长把自己的思想部署得简明易懂，总是最有办法让别人都折服于他的见解，即使他说出来的话都很鄙陋，如布列塔尼[1]的方言那样，而且从未研究过什么修辞学。一个人只需构思巧妙绝伦，而且能够借助最完美的文辞语法把它呈现出来，即使他其实并不懂诗的创作方法和规律，也一定能够成为最杰出的大诗人。

我对数学充满着热爱，主要是由于数学逻辑清晰，论证缜密，不过我还无法指明其真实的作用，只知道它一贯被单纯应用于机械制造方面，对此我很困惑——数学具有如此稳固的根基，人们却不曾就此建造起宏伟的数学殿堂。反倒是古时那些热衷教化的异教专家写下的洋洋洒洒的作品，如同建起冠冕堂皇的楼宇宫阙，而不知下面堆砌的只是泥沙。他们极力吹嘘美德，认为世上的万物都逊色于它。美德被他们擎入云端，似乎世间万物都逊色于它；然而对于何为真正的美德，

---

[1] 位于法国西北部的一个大区，旁边是英吉利海峡，当地语言比较难理解。

他们并不想让人们知道，而被他们冠之以美德的那些事物，都是某种冷酷，某种倨傲，某种对抗。

我对神学一贯敬仰，也渴望能像他人那般得道飞升。不过有人言之凿凿地告诉我：不管是最愚蠢的人，还是最聪慧的人，最后都一样能够升入天国。上天从不泄露飞升的真理，这不是我们人类的脑袋所能参透的。闻听此言，我就不敢妄自窥探天机。我想上天肯定自有安排，只有异于常人者，才有能力专研于此，最终硕果斐然。

对于哲学，我只说一句：千百年过去了，尽管有卓越人士潜心于此，但所有的研究都一直处于争议中，所有的地方都被质疑，所以我根本不奢求自己在哲学上能有更好的成就。我思虑着，不管哪个问题，总会得到那些饱学之士的关注，每人又都有不同的见解。不过正确的观点只有一个，因此那些看似正确的观点在我看来都是荒谬的。

其他学科的知识是从哲学[1]中衍生出来的，我可以确切地说，因为没夯下稳固的根基，所以根本就不能指望它们搭建起什么宏伟的高楼大厦。我不愿出于对声望和地位的渴望去研习它们。好在我并不曾处于两难之地，我没落魄到需要用学问交换利益，期望以此达到生活自足的地步。尽管我还不能像犬儒派[2]一样视金钱如粪土，但是我可以漠视那些打着虚假名号窃取的声誉。最后，对于那些欺世盗名学说，我认为自己完全探明了它们的底细，不会再被它们欺骗了，例如炼金术士的承诺、星象学家的预言、巫师的谎言，还有那些喜欢装腔作势、不懂装懂的家伙的诡计与大话。

---

[1] 即当时占据主导地位的经院哲学。
[2] 即犬儒主义，古希腊的一个哲学流派，其信徒生活清苦，随遇而安，形同乞丐，被人讥笑为犬。

正因如此，成年后，一旦不受先生的约束，我就彻底挣脱了书本的禁锢。我告诉自己，以后除了向内心深处寻求所得的和探索世间奥秘获得的知识外，我不再涉猎其他。因此在年轻时我就开始旅行，到国外的王宫和部队中访谒，和风度不同、地位不同的人来往，增加阅历，在突发事件中锻炼自己，学会审时度势，以求有所裨益。我认为，常人推断出的真理比书生从书本中获得的要丰富得多：常人是从自己经历的事件中进行推断，假如推断错误，他必然自食恶果；知识分子则是闭门造车，他们思考问题的结果往往没有实际的效果，只会对他们自己造成某种影响。对问题的考虑与实际背道而驰，他没准就会变得越来越虚伪，为了让自己的推断更像真理，他不得不殚精竭虑，寻求更多的办法。为了不被蒙着眼睛走路，我一直在孜孜不倦地辨别是非，这样我才能走得更加自信。

我研究其他各国的风俗时，就像以前翻看那些哲学家的评论，简直是眼花缭乱，却找不到让我信服的地方。我从中受益最大的一点就是开阔了视野，虽然很多习俗看起来荒诞可笑，不过还是有不少民族不约而同地赞同并沿守。因此我知道了绝不能盲目迷信那些陈规旧律，只有如此，那些谬误才不会影响我，天生灵洁的思想才不会蒙尘，我才能理智地做出正确的判断。我潜心探索包罗万象的世界好几年，收效不少，最后下决心要真正认识自己，也郑重地抉择自己面前的路该如何走。最后的结果，总比闭门不出，困守于典籍之中要强得多。

第二部分

1618 至 1648 年，新教徒与旧教徒之间爆发战争。战争还没结束时，我到了日耳曼[1]。斐迪南皇帝[2]登基仪式结束后，我返回军队，可是冬季来临，我只得待在位于村中的营地里。因为找不到可交谈的人，没什么人可惦念，也没有什么值得劳神的，所以我无所事事，整天待在温暖的房间里，有大把的时间进行思考。首先引起我注意的是：由众人的作品杂乱组合而成的书，常常不如一个人专著而成的优秀。一般说来，建造房屋时，如果所有的设计、搭建都由一个设计师独立完成，比很多人在原来的旧屋基础上百般修葺翻新的效果更完美。以前的古城，起先只是一片荒芜的村落，随着时间的流逝，慢慢地演变成繁华的都市，这些古城的整体分布不会太均匀，如果是在一片空地上由设计师从无到有地设计出来，一定会整齐划一。尽管前者的古城

---

[1] 1618 年，笛卡尔作为志愿军参与了新教徒在荷兰的军队，随后转去了旧教徒的部队，次年笛卡尔离开阿姆斯特丹去往丹麦、匈牙利等国。
[2] 波希米亚兼匈牙利国王，1619 年在法兰克被推为神圣罗马帝国皇帝。

中不乏和新城同样精巧的建筑，甚至还要技高一筹，但是纵观全局，古城中的建筑总是大小不一，排列得杂乱无章，街道曲折蜿蜒，巷道也时宽时窄。这完全是自然造就的，而不是由个人的意志决定的。明晰这一点，就会知道，单纯地去改造别人的作品，总是会有瑕疵的。我由此联想到，某些还带着野蛮性的民族，在接触到现代文明之后，为了避免无谓的口舌之争，减少非法现象的发生，只好无奈地颁布法规，但是比起那些从一开始大家就主动遵从圣明立法者所立法规的民族，显然整治的效果要差些。真宗教[1]的清规戒律全是出自神之手，因此就显得无懈可击，要优于其他教派。以人们的故事为例，斯巴达盛极一时，是因为它所有的法律都表现了同一个人的意志[2]，由他一人来决定，而不是因为所有的法律都很完善，其中不少条文就制定得很怪异，有的还违背了人类善良的本性。我还联想到书上的知识，有些观点似乎正确，却找不到实证。由于这些知识都是无数人众说纷纭后累积起来的结果，所以就不能如有良心的人那样，面对实况能自觉做出推论，从而使其迫近真理。我还联想到，每个人长大之前都是孩子，期间都不得不受控于欲望与教师。教师们的观点时常自相矛盾，并且不管是谁来教都无法保证一定准确，所以我们想要独立判断得十分准确，而且不受外界的影响，就如同一个人出生后，立即就能使用理性，只受理性影响一样，几乎是不现实的。

尽管我们没见到有谁为了给房屋换个风格，让街道更美观些，就把全城的建筑都扒掉，但还是有很多人拆屋再建，原因或是屋子快坍塌了，或是地基没打牢，因此无奈出此下策。如此推理下去，我就知道：

---

[1] 即基督教。
[2] 传说斯巴达的立法者是公元前 9 世纪的吕库古。

片面地想让国家面貌焕然一新，就捣毁整个国家机器，真是痴心妄想；想更改各门学科的主要内容，或是改变教授这些学科的制度与规则，同样也做不到。但是对于我认可的观点，我也没有更好的方法让它们变得更加完善，只能把它们全部丢弃，用更好的观点代替，或是运用自己的理性思维去更正那些错误的部分，然后再接受。我深知这么做，比起沿袭旧制，总是依靠自己年轻时听闻却不曾验证的条条框框，肯定会收效显著。我知道这样做会碰到不少艰难，但是这些艰难都是可以解决的，不会难到如同社会变革那样，哪怕是风吹草动，只要涉及大家的利益，就举步维艰。旧的社会体系如果被推翻了，就很难再建立起来，哪怕只是被撼动，也很难平复，而且体系的坍塌是非常令人恐惧的。它们自然有弊端，这一点从它们自身的矛盾完全可以窥见，但是社会习俗已在很大程度上修正了它们，很多弊端已经被消除或更正，而只凭人类的思考是达不到这个程度的。沿袭旧制很多时候要胜于建立新制；旧制仿佛蜿蜒在崇山峻岭间的羊肠古道，因为走的人多了，就会变得平坦易行，因此最好沿着古道行走，就不必翻山越岭，不必过深沟幽壑，可以如履平地一路径直向前。

所以，对于那些出身寻常，并无家资可言，却心高气傲的人，一踏上仕途，就一心想要整顿政治，我是坚决反对的。假如这本书里出现一丁点让人怀疑我有这种愚蠢想法的地方，我将会后悔出版这本书。我只是想在完全属于自己的领域内，让自己的思想变得更为完善。虽然这部作品给我提供了不少乐趣，但我在这里只是向大家举出一个范例，而不是想让大家都效仿。那些占尽天时地利的人没准更加技高一筹，而我更担心对某些人来说，我这个计划过于大胆了。仅是完全否定自己以往相信的听闻这一条，就不是值得大家效仿的典范。世上之人无非两种，都不适合对此进行效仿。一种是眼高手低之人，阻止不了自己骤然做出的决断，又无法自始至终对所有的事情进行认真梳理，所以，倘若他不再信任自己以往遵守的准则，开始背离众人所行之路时，那他将一辈子无法找到属于自己的正道，从而终生迷茫下去。第二种人特别谦逊，自认为不能像某些人那样辨别真伪，因此就把那些人当作老师，既然这样，那就没必要自己再去费心寻找更好的办法，听听这些人的建议就可以了。

谈到我自己，假如我一直师从一人，或是从不知晓从古至今学者们的见解都是千差万别的，那么我就理所当然应该划归第二种人。但是，我上学时就已然明白，凡是我们能想象得到的观点，无论多么怪诞不经，多么让人难以相信，都可能已经被某位哲人说过。我旅行时就早已清楚，那些与我们格格不入的人并不都是野蛮人，他们不少人同我们一样冷静理智，其程度甚至超过我们。我认为，即使是同一人，而且情感意识都不变，如果幼年时身边都是法国人或日耳曼人，他就会发生相当大的改变。甚至可以用衣服举例，某个款式也许十年前曾风靡一时，没准十年后还会再次风靡，而我们现在却认为它怪模怪样，很滑稽。因此，容易让大家相信的基本都是陈规旧俗，而不是明确的学问。很多人认可的真理并不代表它就是高深的，这是由于这种真理往往出自个人，而并非一群人。因此我找不到一个其观点更值得信赖之人，对此我十分懊丧，无奈一切只能依靠自己来引导自己。

但是，我仿佛独行人跋涉在黑暗之中，打算缓缓而行，所有的事物都经过我手的认真抚摸，尽管进展缓慢，但不大容易跌倒。在所有的工作还没有开始之前，我宁可拿出大量的时间，先列出一个计划，寻觅一切稳妥的办法去了解自己能够胜任的部分，而不是上去就大张旗鼓地丢弃所有没有经过理性判断的观点。

我从前学习过哲学方面的逻辑学，对数学中的分析几何和代数也略知一二。它们似乎都能助我一臂之力去完成规划。然而细思之下，逻辑学中的三段论法则以及其他方法，只是向人阐释早就明了的事物，诸如雷蒙·卢尔[1]的《学艺》一类，也只是毫无甄别地讲述人们未知的事物，却没有办法去证实那些未知的事物。尽管在这门学问里涵括不少既准确又卓异的准则，但也会有很多不好的或画蛇添足的事物，想要把这二者区分开，其难度甚于想把一块天然的大理石雕琢成狄安娜或者雅典娜。前人的几何学与近代人所用的代数，都是对那些抽象无比，似乎一无是处的事物进行探究。另外，几何学注重观察的只是图形，所以唯有将想象力发挥到极致时，人们的认知能力才会启动；近代人却总以规律和数字示人，让人感到艰涩杂乱，头脑混沌，难以让心灵得到滋养。正因如此，我才想另寻蹊径，找到既可以发扬这三者优点，又能避开它们缺点的办法。我深知律法不计其数，推行起来却十分艰难；如果一个国家并没有多少法令，实行起来却迅速有力，那么百姓自能安居乐业。因此我认为，通过制定很多规章条款来构筑一门科学，是完全不必要的。我坚定不移地认为，不管出现什么情况，不管身处何地，只要做到以下四点就够了。

一、只要是我没能彻底认清的事物，就不会盲目地认可。换言之，不能武断地下定义，也不要盲从于前人的说法，只有当某种事物在我心中清晰地呈现时，我才会确信无疑，其他的任何事物都不会影响我做出的选择。

---

[1] 雷蒙·卢尔（1235—1316），加泰罗尼亚（位于西班牙东北部）人，经院哲学家，著有《伟大艺术》。

二、那些我曾遇到的困难，可以依照可能性和必要性的层次分成几组，便于以后有针对性地进行处理。

三、思索问题时要循序渐进，从简到繁，从易到难，一步一个脚印，最后才去面对那些最艰难的部分；即使是那些杂乱无章的事物，也要尽量给它们排序。

四、不管处于什么情形下，对所有的事物都要悉数调查，复核时尽量全面，要保证无一遗漏。

我察觉到几何学家经常运用一系列简单易懂的推理去完成最难的论证。这种情形不由得引起我的思考：人类想要认识的事物也总是环环相扣，我们不能以假充真，要学会以此类推，循序渐进，世上就不存在什么遥不可及的事物，也没有什么能一直隐藏而不被察觉的事物。我很清楚，一切的认识都要从那些不太复杂而且比较容易了解的事物入手。古往今来对真理孜孜以求的学问家里，唯有数学家探寻到研究的方向，即少数明晰准确的推论，因此我坚定地认为，我的起点就是他们讨论的内容。我不奢求从中谋利，唯愿能陶冶自己的情操，并能从此追求真理，不再虚浮。不过那些打着数学名号的稀奇古怪的学问，我并不准备都去一一涉猎。我知道，尽管研究目标不同，但它们研究的内容无一例外都是事物之间的联系或者比例关系。因此我仍是用常规视角去研究这种关系，不会把它们放入某种具体的对象中，当然，如果某种对象能促使我们迅速地加深对它们的理解，那就另当别论。我们不能把它们局限于某种对象上，唯有如此，才能恰当地将它们应用到其他一切对象上。我还留意到，要想理清这些错综复杂的联系，有时需要单独研究它们，有时需要研究某几个，或者从整体去看。我觉得可以把它们想象成一条条单独的线段，这样就方便一一进行探究。

我意识到，唯有如此，它们才会以最直观最清晰的方式让我感受到、想象到。还有一点，为了能整体或部分的掌握它们，应该用一些短的数字作为它们的代号，以便加深我们的记忆，方便我们研究。正依赖于此，我成功汲取了分析几何学与代数的精粹，而抛掉了它们的不足并加以修正[1]。

其实，我完全能够宣称，由于我谨守了上述几条法则，我已经毫不费力地摸清了这两门学科能涉及的所有问题，于是我利用两三个月的时间进行了研究，从易入门，从最简单的着手，我察觉所有的真理皆是法则，可以作为桥梁通向其他真理。由此，不少昔日棘手的难题都迎刃而解，并且我对那些悬而未决的难题也有了信心，知道要通过哪些途径去破解，甚至能走到哪一步也了然于胸。听到这些，大家可能觉得我并没有夸大其词，因为每个人都清楚，关于每种事物只能有一种真理，谁先察觉到这点，就可以由此判断出我们所能掌握的知识。譬如，学过数学的孩子，能够使用运算法则进行加法计算，他做过此题之后，就能断定自己掌握了这一题上所有已被发现的结果。归根结底，此法旨在教会人们要遵循事物的原本秩序，准确地罗列出所有的可能性，而这里面就涵盖了能证实数学运算法则之所以准确牢靠的一切前提。

运用此法时令我颇为得意之处就是，可以把自己的理性思维运用到方方面面，虽然我不敢说已经做得完美无缺，但至少能让我最大限度发挥自己的能力。利用此法我还多有裨益，能更用心细致地去感受一切，对于要了解的事物，也能够更加明察秋毫。但我不会将此法单

[1] 即笛卡尔建立的解析几何，使用代数运算和解析法解决几何问题。

独运用到一种事物上，我非常期待借助此法能够一一击破其他学科中的"拦路虎"，和昔日用它解开代数难题是同一道理。只是我有分寸，为了不破坏此法已有的规律，所以我还没有胆量起首就去探究全部学科。我认为一切学科原本都是哲学的产物，不过我还没有在哲学中发现切实稳妥的基石，因此我得首先在哲学上搭建起这种基石；此举举足轻重，最忌讳自我的偏见与盲目武断。当时我年方二十三，心智发育还不完善，因此必须再耐心等上几年时间，要先从自己心里彻底铲除那些荒谬的观点，还要努力学习别人的经验，为将来打好基础，然后按照前面所说的办法，反复加以磨炼，如此必会日臻成熟。

第三部分

人们都很清楚，改建房屋时，只是把旧屋扒掉，买来所需材料，请设计师设计或自行设计，策划出图纸，还是远远不够的。旧屋施工的时候，人总得搬到另一栋房子里暂时住着。因此，当我被理智所控制，行动却踌躇不前时，为保证行动果断有力，也为了自己一切安全顺利，我匆匆草拟了一些行为条例，也就三四条，愿与大家共享。

一、遵守本国的风俗和礼法，尊重自己从小就信奉的宗教[1]，处理事务时以智者为师，按照他们实践中所提出的中规中矩、符合礼法的建议，对自己进行规范。尽管我回头审视了自我的观念，也因而对它们不屑一顾，但是我认为对于智者的建议仍必须采纳。在波斯和中国，没准也有很多与我们一样的聪慧之人，不过我认为向自己身边之人学习会更有效。想要了解智者的真正意图，只听他们说是不够的，还得看他们的行为举止，因为现代社会人心不古，每况愈下，很多人

---

[1] 这里指罗马天主教。

说的不全是真话，并且很多人未必了解自己的内心；因为肯定某件事，未必等于知道自己肯定这件事，这两种思维方式经常会背道而驰。即使支持各种观念的人数相同，我也只是挑选最中庸的看法，因为如此选最有利于实施计划，走极端一般都会犯错，这种中庸的看法也许是最可靠的看法；即使选择错误，也不会偏离轨道太远：假如我选择的是走极端，而正确的却在另一极端，那会相当糟糕。并且我尤其觉得，那些剥夺了人们某种自由的承诺都是极端的。不过法律容许大家立下誓言，并且对盟誓要坚守不移，以阻止有些人企图朝令夕改，确保某种合法目标的实现，也为了保障公正合理，让大家能够践行承诺。我的意思并不是反对这些。我知道世上的万事万物都不会一直保持原貌，我自己亦是如此。我期望自己的决断准确无误，而不是让错误愈演愈烈，譬如我以前对某事采取认可的态度，不料情况发生了转变，但我还是坚持说原来的正确，那我就是消泯了良心，因此我必须改变说法，对此事持否定态度。

二、行事一定不能拖泥带水，只要认准某种观念，即使观念本身还值得怀疑，也要始终如一地坚信下去。我是借鉴了在森林中迷失方向的游客的经验，一旦迷路，决不能如无头苍蝇般乱扑乱撞，也不能在原地坐以待毙。这时候只能向着一个方向一直走下去，也许这个方向是起初无意中选择的，但不管出现什么情况，都不要随意更改目标，即使走不到预定的地点，但好歹能到达另一处，胜过一直被束缚在森林中。我们做人做事亦是如此，做决断时要果断，不能瞻前顾后。无法辨识谁是谁非时，我们要选择准确概率最大的，即使不清楚谁的准确概率更大，也要做出一种判断，之后在履行的过程中就不再怀疑它，而是要无条件地相信它是最准确、最靠得住的。我们之所以选择它，便是出于这点。意识到这些，我就不再后悔了。有些人总是容易动摇，反复无常，一旦情况出现变化，就改弦易张，本来今天认为正确的事情到了明天却认为完全是错误的。

三、要一直征服自己，而不是苛求改变命运，只是调整自己的理想，而不苛求去更改世间法则。总而言之，我们能完全把控的只有自己的头脑，其他的一切不能悉数听从我们的支配。因此，对于那些自身以外的事，我们殚精竭虑后依然无法完成的话，那它们就是我们注定完成不了的。清楚这点就可以减少许多不切实际的幻想，面对遥不可及的事物，不要奢望未来能被我们纳入囊中，如此便会气定神闲，不做非分之想了。这是由于，来自我自己意识中的需求，理性告诉我是我约略能实现的。假如我们认为名誉和地位之类的东西，全都无法由我们掌控，那么当自己的封地被平白无故剥夺时，就不会因为自己贵为名门之后却失去封地而懊丧不已，也不会像被夺走皇位的中国皇帝或是失去权杖的墨西哥国王那般懊丧；以此类推，得病时就老老实实养病，被抓进监狱时就老老实实服刑，决不要臆想百毒不侵或是插翅而逃。但我不否认，能如此超然地看待大千世界，首先必须经过很长时间的磨炼，还得学会深思熟虑。在我的认知中，古时候的哲学家即使命运多舛，也能淡然视之，不被困苦和贫穷击倒，能够活得自在逍遥，就是这个原因。正是由于那些哲学家一直研究如何打破命运的桎梏，最终茅塞顿开，知道世间万物自己说了不算，而只能主宰自己的内心，所以，在了解了这些后，就对一切释然，发现外界再也左右不了自己；他们能彻底掌控自己的思维，也因此感觉自己无比富有且强大，过得舒适惬意，任何人都不能企及。旁人不谙此哲学之道，尽管有时得到命运与上天的眷顾，但仍对一切都束手无策，自然也不能万事如愿。

在总结完这几条之前，我也曾想就此查验一番世上人们终生所服务的行业，以此从中选择出最优秀的行业。他人从事什么我无权过问，但我深知自己还应沿袭以往，即用一生精力保持理智思考，践行自己的学说，竭尽全力加深对真理的探索。自从我这般行事，我便畅快无比，觉得世间再也没有比这更单纯更美好的享受了。通过这套方法，我每天都能发现不少重大的真理，皆是旁人还未曾知晓的，因此我全身都充溢着喜悦而无暇他顾。我设立上面三条只有一个共同的目标，就是不想间断对自我的培养。我认为既然上天赋予我们灵慧之心以明晰是非，就不能为了逢迎他人而浪费一点时间，而是要坚定意志，等待一切水到渠成时，再用自我的标准衡量他人的意见；我要保证自己不会稀里糊涂地人云亦云，而且要竭尽所能寻觅更佳的答案。我还要保证不自我设限，也不可不求进取，只按照既定的道路前行，唯有如此坚持不懈，我想要获取的学问才会为我所用，那些所求的最佳之物才会最终得到。想要探寻某种事物前，通常要靠我们冷静地对它做出是非判断；只有推断准确时，采取的措施才会得力，我们的推断越准确，行动才越不会偏离目标。换而言之，就是我们能拥有世上所有高尚的情操和所有触手可及的美好；我们之所以感到愉快，就是因为知道这些可能。

这三条法则给了我安全感，连同真理一道，被我排在第一位。如此操作后，我想我能够自由地摆脱别的看法了。在那间温暖的屋子里我做如是想，但是我认为要彻底地整理自己的思想，就不能闭门造车，应该走进人群，因此冬天未尽我就开始到处旅行。就这样用了足足九年时间，我在世间到处漫游，看到喧闹的场景就驻足观看，不过仅限于此，我并不会沉陷其中。我会思考每一个问题，特别重视其中可疑易错的部分，这么做了以后，我就彻底铲除了所有进入我大脑里的谬误看法，不再稀里糊涂一味接受。持有怀疑论的人，他们只是为了猜忌而猜忌，永远都优柔寡断，我绝不会仿效他们，反之，我只准备找到那些无懈可击的证据，如同把地表的土层和沙土全都掘走，只为得到下面坚硬的岩石和黏土那样。我认为这么做是完全正确的，我研究命题并指出其谬误或问题时，并没有凭借苍白无力的臆想，而是全靠准确无误的逻辑推论；当我遇到本身就可疑、不可靠的命题时，我还是能推理出一些准确无误的结论。大家拆毁旧屋准备盖新屋的时候，那些拆下来的建筑材料都会被妥善保管，并用在新的建筑上。我做事也是如此。当我觉得自己的某些观点缺乏力证，准备抛弃时，都会从多个角度重新进行审视，如此就会增长不少经验，有助于以后我建立更稳固的观点。当然，我还会接着使用之前拟订的方法，这是由于我做事不只单纯考虑一般状况，还会注意那些特别的地方，我动用自己所有的思维，把之前所说的法则都运用上，多花些功夫去铲除数学上的拦路虎，以至于还能化解其他学科上的疑难杂症；产生这些问题的原因是缺乏有力的依据，因此它们才与原来的基础分离，后来发展到几乎和数学上的疑难杂症一样。我是如何做的，在这本书中你们都能找到真实的范例。因此貌似我和大家过着一样的生活：不管遇到怎样的情况，都保持着愉快乐观正直的态度，泾渭分明，区分善恶；为了克服生活的乏味无趣，在不违反法规的前提下进行各种娱乐活动。即使这样，我还在坚持自己追求真理的实践活动，结果比之前自己埋头书海之中或是只结交读书人还要成效显著。

　　九年时间过去了，对于研究者们一直在争议的话题，我尚未得出准确结论，也尚未开始探求比当下的主流观点更为确切的哲学原理。

以前有不少能人也曾想解决这些难题，但我感觉他们都心有余而力不足。见那么多英雄折腰，我不由得相信这是项有难度的工程。如果不是人们讹传我早就拿下了这项工程，恐怕我至今还没勇气去面对它。我不知道那些传闻是怎么传出来的，但如果说与我的言行存在关联，肯定是由于我比常人的态度更中肯，也更诚实，遇事总是有一说一；也没准是由于我并不曾吹捧任何学说，而是罗列了多种例证，阐释了自己为何对别人的观点产生疑惑。不过我是个有抱负的人，不想浪得虚名，因此我必须奋发努力，才能对得起大家的期待。我在一个僻静的地方 [1] 幽居了足足八年，坚决不去见以前的旧相识。经过多年战火的洗礼后，我隐居的地方已经建立良好的秩序，驻扎军队也只是为了维护和平。当地的居民非常多，而且都勤劳能干，每个人都专于己事，并不太关注他人的情况。和这些人生活一起，我受益匪浅，不逊于身处繁华的京城都市；然而我又拥有独处的时间，如同置身于荒野大漠。

---

[1] 即荷兰。

第四部分

　　这些年我经过沉思获得了首批成果，但尚迟疑着是不是要公布于众，因为这些思考确实有些虚无缥缈，过于深奥，不一定能吸引大家。不过，我想让你们检验一下我夯下的根基是不是稳固，所以不得不说。之前我就察觉，明明知道有些观点很不靠谱，但是为了配合自己的行动，需要采用其中的一部分当作正确的存在，前面我曾提到过。但如今我一心一意只想探寻真理，那么就得反向来做：不管是什么观点，但凡我能找出丁点不确信的地方，就应视其为错误的而完全丢弃，如此筛选后再观察我心底是否还有东西值得无条件信赖。我们的感觉器官有时会出岔子，那么我可以如此认为，所有的事物未必都是我们臆想中的那样。有些人进行推论时会产生谬误，即使面对很容易解决的几何证明题，也会得到模棱两可的结论。我和他们没什么不同，当然也会犯错，于是我干脆把用来证明的所有证据全都丢弃，全当作是错误的。我还察觉到一点，那些各式各样的观念，我们在梦中也会与它们相遇，当然一切都是虚幻的，因此我就断定：以前那些被我们的思想接受的事物，也都如这些梦中的影子一样，是虚幻的。然而我很快意识到一点，如果把万物都视为幻影的话，那么进行如此思考的那个我，肯定是个东西。"我想，所以我是"[1]，我觉得这是一条颠扑不破的真理，值得信赖，怀疑派纵然有诸多假设妄图撼动它，但都是徒劳，因此我果断地采纳了它，将这条真理当作我研究的哲学第一原理。

接下来我认真思索我为何物，我可能无形无状，可能并不存在于哪一个空间，可能无处安身立命，但都不能假设我不是。与之相反，正因为我对任何事物的真实性都充满猜疑，所以很显然，这个进行猜疑的我是。还有，一旦我的思想不存在，即使我设想过的万物全部真实，那我也无法相信自己是过。我了解到我的实质，其实只是进行思考活动的"我"。"我"之所以成为"我"，并不由外物决定，因此这个存在的"我"，并非肉体的"我"，而是进行思考活动的"我"，即使肉体的"我"并不存在，但是思考中的"我"很容易识别，并且是实实在在的"我"。

然后我就进行观察，在一般情况下，一个可靠的观点的成立所需要的条件。既然刚才我已经找到了一条真理，也明白它是靠得住的，那我应该了解它为何靠得住。"我想，所以我是"之所以能证实我的言论的准确，不过是因为我早就洞见：保证是，然后才能思考。所以我想大致可以这样理解：只要是我能完全明白，并且了解得十分细微的，全在真实的范畴。至于哪些事物是我们可以透彻认识的，想要一下子找出来，还有些难度。

---

[1] 旧译为"我思故我在"，此处译为"是"，区别于"在现场"或者"存在"，意思是"是某个东西"。"是"在西方哲学中不等同于"在"，"是"包括了"在"，不能按照汉语的思维将其译为"在"。

这种推论让我清醒地意识到一点，就是我还处于猜疑中，那这样的我就不是完美的。比起猜疑，更完美的方式应该是认知。我认为某个事物比我还要完美，令我不得不思考，我的这个看法是从何而来？显而易见，它们应该来自比我更加完美的天性。宇宙和光热等自然现象引发了我的无数思考，我轻而易举就能找到它们的来路。这些东西不见得比我更高深，所以倘若它们都是切实存在的，那也依附于我的天性的光辉，毕竟我的天性是有几分完美的；倘若它们是虚幻的，那就是我杜撰出来的，也可以这么理解，因为我的不完美，所以才会有它们在我心中存在。但是，意识到还有一个"是"比我更完美时，情况就改变了，这是由于这种看法根本无法凭空杜撰出来。认为那些相对完美的事物都出自不太完美的事物，认为前者依附于后者，这不亚于信口雌黄，因此我不能随意杜撰出这种观点。如此只能这么认为：这个观念之所以存于我心，是因为有一个比我的存在更完美的事物，我想象中所有美好的特质它都具有，换而言之，它即神灵。再说一点，我已经知道自己是不完美的存在，那存在的是者[1]就不会只有我一个，我仰仗的肯定是另一个比我完美的是者，也正是这个是者让我拥有了一切。因为，假如我是一个独立的、不依靠外界的存在，凭着自己具有了完美是者的一小部分，那么凭着相同理由，我依靠自己可以获得自己缺失的部分，最终成为亘古不变、坚定不移、无所不能的是者，拥有从神灵身上可窥见的一切美好。因为按照我刚才所做的推理，想要用自己的本性去了解神灵的本质，无须大费周折，只要将自己的想法都拎出来，看看它们是否完美就可以了。我认为神灵所拥有的，都

---

[1] 经院哲学名词，下同。

是完美的事物，不会存在不完美的事物。因此，诸如狐疑不解、出尔反尔、郁郁不平一类我自己也想要摈弃的东西，都不会是神灵所具有的东西。另外，我对一些感性的有形体的事物进行思考，产生了一些看法，即使我佯装自己身处梦境之中，所观所感的都不真实，这些观点也依然在我脑中存在着，无可否认。不过，理性的本质与形体的本质是彼此独立的，这点我一清二楚，又想到将它们组合在一起就证明了其依赖性，而这种依赖明显是不完美的，是一种缺点。于是我敢直言：神灵的完美，肯定不是由这两种物质合成的；假如世上存在着一些物体形态、一些理性或者别的不完美的事物，那么它们的存在肯定时时刻刻需要神灵的庇佑，若是没有神灵的力量的话，它们无法存在一瞬间。

我迫不及待地想去探寻其他真理。我把几何学家们研讨的问题视为一个连续体，把它放进一个长、宽、高都可以自如伸缩的环境中，切分成若干大小，每块的大小和外形都千差万别，按照几何学家们所允许的，用任意办法改变它们的方位。我看过几个最浅显易懂的几何证明，发现人们对它们确信不疑，只不过是因为遵循了我刚才所说的那条规律。我还发现，在这些证明中没有事物能证明它们证明的对象是存在的。因为，如果构造一个三角形，那么它三个内角的度数和一定等于两个直角之和，然而却根本没有什么证据来证明世上存在三角形这个东西。不过，当我再审视自己心中完美是者的概念时，却察觉到它已经涵盖了存在。就好似三角形的知识中有一条，任意三角形三个内角的度数和，一定与两个直角的度数和相等，球体曲面上的任意一点到球心的距离都相等，我的认识比起这些概念更加明晰。显而易见，神灵这一完美是者"是"或者"在"的命题，与几何学上的任何证明一样可信。

但是很多人觉得掌握这条真理太难，他们甚至觉得了解自己的灵魂也是一件难事。平时他们目光短浅，只接受那些可观可感的事物，惯于借助联想思考一切，却不知道，这只是一种思考方式，只适用于那些客观存在的事物，因此遇到不能联想的东西他们就开始手足无措。经院哲学家推崇的名言中有这样的说法：凡是理性的一切，都无不为人的感知所有。但其实，在人的感知中从来不会出现神灵和灵魂的概念。这些人要通过联想认识这两个概念，和想用眼睛听到声音、识别气味一样荒谬；不过多少还是不大一样，对于所要认识的事物，人们要借助视觉、听觉、嗅觉等来确定感知对象的真实性，但是假如理智不介入的话，感官和联想所获得的认知就变得不足为信。

没准不少人听我说完依然不大相信神灵之说。我非常乐意让他们知道：他们信以为然的一些事物，其实并不太牢靠，诸如人只有一副躯体，很多星星存于天上，地球只有一个之类；虽然我们会用切实行动来表明对此的坚信不疑，并且哪些人胆敢质疑就认为他是冒天下之大不韪，不过，如果谈到形而上学，有些东西就是切实存在的：我们发现，我们常常会做梦，梦中往往会拥有另外一副躯体，看见天上的星星与现实中的完全不一样，甚至会来到第二个地球上，由于现实与梦境总是大相径庭，所以只要做梦的人是正常的，他就认同我们对此类事件持有的怀疑态度。和清醒时没有什么差别，人在梦中的思维活动也十分活跃，因此我们会产生这种疑问：到底哪些是真的，哪些是假的呢？有能力的人可以就此好好研究一下，不管以怎样的方式。我认为只有坚信世上有神灵，才能找到办法驱除人们心中的疑虑。之前我提出了一个观点："只要是被我们看清楚并透彻理解了的全是真正存在的。"之所以它是准确可靠的，只是因为神灵存在，并且神灵是永远完美的，我们内心拥有的全是神灵给予的。我们的观点抑或主张，总是清晰明确的，这些既然是神灵的赐予，那肯定就不会有假。如此推论，人有时会有少许荒诞不经的念头，只能理解为思想混沌不清，属于是者的反面部分；换而言之，人们的这些念头之所以混沌不清，全是因为自己本身就是带有缺陷的。显而易见，认为荒诞与缺陷都是神灵的赐予，根本说不过去，如同说不是者能孕育真理和完美一样。不过，我们必须清楚我们内心那些真切的成分都是完美而无穷的是者给予的，假如没有这个前提，即使我们的观点已经清清楚楚，还是无法证明它们是确凿而完美的。

意识到神与灵魂的存在后，并确信这条法则后，再来理解做梦就容易多了：无论我们睡梦中会有怎样斑斓的梦境，也不会质疑睡醒后的一切思维都是虚幻的。人有时虽然沉睡着，但能冒出某些清晰的念头，例如几何学家就可以一边沉睡着一边找到新的证明思路，虽然他人没有醒来，但不能说这些念头是假的；只是我们不应该还是和面对真实世界时一样，借助身体的外部体验来呈现多姿的梦境，其实这样也好，由此我们可以质疑那些感性的看法，因为即使我们清醒时，也曾被其蒙蔽过。譬如患有黄疸的人，会错以为什么都是黄色的；星星和其他星体位于浩渺的太空中，因为过于遥远，我们就认为它们很小并不大。综上所述，人必须相信自己的理性判断，无论是不是处于深酣中。这里的理性不是指联想，也不是指人的感觉器官。打个比方，太阳谁都看得见，而且看得清清楚楚，却不能肯定地说太阳只有我们所见的那般大小；假如把狮子的头安到羊身上，我们也能形象地联想到它的样子，但是我们不敢说世上真有这样一种非狮非羊的怪物。因为理性并没有告诉我们眼睛所见和脑之所想就是真实的。但它给了我们明显的提示：人的所有观点和见解都必须以真实为依据，因为神灵是完美而切实的存在，绝不会让那些虚无的念头闯到我们心中来。可是我们梦中联想的那些东西，却又那么栩栩如生，甚至比真的还胜上一筹，但我们梦中的判断比起清醒时少了确定与完整，因此理性还提示大家：人的想法绝不是完全可靠的，这是由于人本身就是不完美的；我们想要确实可靠的想法，一定不能去梦中寻觅，而要依靠清醒后的思考。

第五部分

借助以上几条根本法则，我又推导出其他一系列真理，很想把这些真理都讲给你们听。然而讲的话会涉及不少有争议的问题，因为专家们都各执一词，我并不想加入争论，因此打消了全讲出来的念头，只简单地解释下那些真理，水平比我高的人可以帮我参考下有没有仔细探讨的必要。对于起初的信念我矢志不渝，我只认可自己创立的那条法则，就是可以佐证世上存在神与灵魂的那条，除此再不创建其他原理，假如一种观点让我觉得不如几何学家所做的推论清晰明确的话，我就不会采纳它。至少我可以说，在极短时间里我已经找到了窍门，对于哲学中那些争议的主要问题，已经初步探明思路，神灵在世间创造了它们，然后让我们人类对它们有了深刻的认识。因此大家只有经过足够反思后，才能明白世间的所有事物，无不是在恪守着这些法则。我又做了深入研究，搞清了这些法则之间都是密切联系的。我独自察觉到的不少真理，应该都是既实用又不可或缺的，相比我以前所掌握的要强很多，几乎超过我的预期。

我曾试图以著作的形式[1]，来阐明这些真理，但因为有所顾忌，就没有公开发表。之所以在此简略地做个摘要，是考虑到你们不知道著作的内容。我写这本书是要对世间的种种物体进行研究。没有动笔以前，我想尽可能把自己所知道的全都写下来。但是，正如在一个平面内，画家不可能全面地表现出立体的每个面，他只能选择一个被光投射的面作为正面，其他的都处于背光处，这样人们看到正面的同时，也能顺便看到侧面。与此类似，我的著作自然不能完全涵盖我的思想，因此，我较多地谈到自己对光的认识，也顺便谈谈会发光的太阳与各种恒星，我还讲到宇宙，因为光在宇宙中传播，谈到光投射到行星、彗星和地球上时，会被反射回来，谈到地球上有着千奇百怪的物质，有带颜色的，有透明的，有闪光的，最后我谈到人，因为只有人的眼睛，才会发现这一切。为了更多地提及背光处，方便我更加真实地阐明自己的观点，不用对研究者的观点进行评议，我决定不谈这个世界，假想神灵在某个地方创建出一些组成世界的东西，各个组成部分却胡乱地交织在一起，简直可以和诗人天马行空的想象媲美。接下来就什么都不做，只保障对世界的一般协助[2]，让其按照神灵设立的法则运动，观其变化。因此我要做的第一件事就是把这种物质阐释清楚：我觉得丢开神与灵魂的本质，其余的所有事物，都不如辨别物质的本质简单清晰。经学院的学者们一直对"本体的形式"和"实在的性质"争论不休，然而在所有的物质中并不存在这些，它们是我们的灵魂原本就

[1] 即笛卡尔生前从未发表的《论世界，或论光》，现被编入《笛卡尔集》，主要论述哥白尼的日心说。

[2] 这里笛卡尔用了经院哲学的概念，认为神创造世界后会提供两种协助，其一是一般意义上的协助，在不回到创世前一无所有的条件下只维持普通的活动；其二是神出面干预发展，以神迹代替自然现象。

熟悉的，对此谁也不可否认。下面我将不借助其他法则，只基于神灵完美无缺，去尽力论证那些让我们怀疑的自然规律，尽力让大家明白，神灵用这些规律已经创造出了很多世界，每一个世界都遵守着这些自然规律。我继续做出阐释，神灵制造出的那堆模糊成一团的东西，大多数遵守着上述规律，并以某种方式自行调整变化，它们最后构成和我们的宇宙很相像的事物，有的组成地球，或是行星与彗星，而有的构成太阳或众多恒星。我在此和大家谈谈光的概念，会不遗余力地解释其本质，还有光是怎样在太阳系和恒星中穿梭的，它是如何在刹那就到达宇宙中的大片区域，再以行星和彗星为媒介，反射到地球上的。我增加了不少资料来对宇宙与星体加以解释，通过它们各自不同的构成材料、所处的方位、运动轨迹等，来证明我们所处的宇宙和星体和我所说的宇宙完全相同，我认为起码应该如此。我在后面就详细地对地球加以阐释：尽管在我的假设中，神灵只是构造了各种物质，并不曾赋予它们重量，可是存在于地球上的所有物质，全都受到地心引力的影响；水与空气笼罩在地球表面，按照宇宙和星体的分布位置，尤其是月球的分布位置，肯定会有潮汐现象发生，应该和海洋中的潮汐现象相同；另外还会发生海流和气流的大规模运动，正如在热带地区亲眼看见的那样，方向是从东到西；山川、海洋、湖泊、泉水是怎么在地球上自然产生的？矿物是怎么在矿山上发现的？各种植被为何能在原野上生长？以及形形色色的混合物或者组成的物质又是怎么产生的？因为我注意到除了星体外，能孕育光的唯有火，因此我不再讨论其他的，只专注于和火相关的现象，比如：火是怎样发生的，火要保持不熄灭需要哪些条件；为什么有时没有光却能散热，为什么有时不散热却能发光；为什么不同类的物质燃烧，火光的颜色就不一样，而且会令物质发生其他的改变；为什么有的物质经火燃烧后会变软，而有的物质却越烧越坚硬；为什么大部分的物质都能被火烧尽，最后变成灰烬和气体；为什么有的物质燃烧后的产物，再经猛烈大火的燃烧会变成玻璃。对于有的物质燃烧后的产物最后竟然变成了玻璃，这简直和大自然中的千变万化同样妙不可言，我非常愿意去说明它。

由于有一种可能，就是神灵创造世界时就瞬间塑形，所以我还不想过早断言，说世界的构成方式正如我叙述的那样。不过神学家们全都认为，神灵维持世界和当初缔造世界所采取的措施一致。所以，即使神灵一开始缔造出的世界还是蒙昧一片，但是只要神灵创立了法则，能帮助世界正常运转，那我们就该坚信：那些单一的物质，都能慢慢演变成为我们眼中的样子，这和创世并不矛盾；而且这种循序渐进的改变方式，比瞬间塑形更易于让我们摸清它们的秉性。

在讲完不具备生命特征的植物和各种物质后，我准备谈谈以人类为代表的生物[1]。然而由于相关方面的学问储备得不足，无法用因果关系来进行阐述，因此究竟它们的本原是什么，又是如何形成的，还不得而知，显然也不能按照前面的形式来讲解。因此我暂时想象神创造了一个人的身体，无论是外在的身体形状还是内部的身体结构，全和我们的一模一样。他身体的组成原料就是我之前所描述的那种物质，只是起初他的身体里面并不存在理性灵魂，也没有什么能取代理性灵魂或者感知灵魂[2]的存在，但是神灵在这人的心中燃了一把火，虽然没有光，却有类似让腐草生热，让葡萄变成美酒的那种神奇力量。这

[1] 即笛卡尔的《论人以及胚胎的形成》。
[2] 亚里士多德将灵魂分为两部分，即理性灵魂和感知灵魂。这一说法也为经院哲学所采纳。

种无光之火只要燃烧起来，身体的各个部位就会运转起来。经过认真的查探，我察觉到如果人不进行思考，就不能影响灵魂，也就是说灵魂和身体都是独立存在的（我之前谈过，灵魂的实质就是指思想），我们身体的各种机能并不是由于灵魂的存在而产生，而是由我们的身体孕育出来的。不具备理性思维的动物，与人类有着相似的身体机能，然而我却在其中找不到一种能依赖思想的机能，它只属于我们人类。之后我设想神灵创造了一个具有理性的灵魂，按照我所说的那种特殊方式，把它和之前创造的那个身体合二为一，才终于具有了人体的这类机能。

　　动物身上最根本最常见的活动，就是心脏和动脉的活动。我想以此为例，让你们了解一下是如何研究上述问题的。明白这点后，就知道如何看待别的运动方式了。

　　在我进行讲解之前，如果谁不懂解剖学，请准备一个较大动物的心脏（类似人的心脏结构）并剖开，这样方便理解我的阐述。仔细观察左右两个心腔（以前的解剖学往往把心房和心室合起来），右面的心腔上面连着两根粗管子，其一为身体的腔静脉，其二为动静脉[1]。前者类似树干，主要起储存血液的功能，其他的静脉以其为主干。后者名字起得有些欠妥，其实它属于动脉，从心脏开始，形成很多枝干，遍布整个肺部。左边的心腔上也有两根管子，粗细和右心腔的一样，一根命名为静动脉[2]，其实它属于由肺部生发出来的静脉，枝干很多，与动静脉的枝干在肺部纵横交错，支气管也与它们交错在一块，负责

---

[1] 即肺静脉。
[2] 即肺动脉。

从体外输送空气进来；另外一根是大动脉[1]，以心脏为起点，具有很多枝干，遍布身体各处。请大家仔细观察，在两个心腔的四个开口处，有十一片薄膜[2]，像十一扇小门掌管着这些开口处的开合：在腔静脉那里分布着三片，保证腔静脉的血液能流向右腔，并阻止血液从心脏倒流；在动静脉那里覆盖着三片，其结构保证右腔的血液能流到肺部，并防止肺部的血液发生逆流；静动脉的开口处覆盖着两片，血液可以从肺部流向左腔，却不能倒流；在大动脉的开口处，覆盖着三片，血液能从心脏向外流，却不能回流到心脏。这些薄膜的数量是天然形成的，不必非得用什么理论进行阐释。静动脉分布的地方很特别，开口呈椭圆状，有两片薄膜就能让其闭合。其他三个开口呈圆形，必须有三片才能让其闭合。你们一定要留意，相比之下，大动脉与动静脉更坚韧也更结实些，静动脉与腔静脉没那么坚韧，不过它们在没进入心脏之前，扩张成两个耳状小囊，称作心耳，具有同心脏一样的肌肉成分。心脏中的温度最高，全身所有部位的温度都没它高；心脏的高温能保障流进心脏里的血液迅速产生扩张作用，如同人们在极高温的器皿中注入液体一样。

你们明白这几点后，我就无须再用别的原因来阐释心脏活动的原理了。两个心腔中如果血液不充盈，血液就会经腔静脉流入右腔，经静动脉流入左腔；当血液充满血管，血管通向心脏的入口就会打开，但是如果两个心腔各进入一滴血，会因为入口足够大，而与之相连的血管又充满血液，以及心脏中的高温会让血液的体积迅速膨胀扩大，导致心腔瞬间扩大，覆盖在两条血管入口的五片薄膜也会紧紧闭合，

[1] 即主动脉。
[2] 即瓣膜。

血液被堵在了入口，外面的血液就不会再进来；随着血液慢慢地被稀释，另两条血管上的六片薄膜被推开，血液便流出了心脏，于是随着心脏的膨大，动静脉与大动脉也开始胀大；接下来心脏马上开始收紧，这两条动脉也随着紧缩，由于进来的血液温度会降低，因此那六片薄膜再次闭合，腔静脉与静动脉入口处的薄膜再次打开，让血液流进来，而新的血液又令心脏与动脉发生扩张，同前面的过程一样；血液要进入心脏，必先流经那两个囊状的心耳，因此心脏与心耳的活动方式截然相反，当心脏膨大时心耳就缩小。因为不少人不清楚数学论证的优势，较难辨识清楚真正的推论与模棱两可的推论，也许就会不经过认真考察便武断地否认我的观点，对此我会很有耐心地解释说：我刚刚阐释的心脏活动方式，是根据人的肉眼所观察到的心脏内部组织构造推导出来的，是根据我们的手指触碰心脏的温度推导出来的，是根据我们对血液的认识以及掌握的经验推导出来的，就像钟表的运转是根据钟摆与齿轮相互协作的力量、位置以及形状造成的一样。

假如有人质疑，血液都从静脉注入了心脏，那静脉中的血液岂不会枯竭？如果血液通过心脏被输送到了动脉，那动脉为什么没被血液盈满？我的回答没有别的，正如那位英国医生[1]在著作中所说的一样（这人理应被赞许，他在这些问题上给出了答案），他首先指出：有不少细小的血管分布在动脉的末端，心脏中流出的血液通过这些血管，再进入静脉的毛细血管，然后流回心脏，这是一个无限循环的过程。因此，凭着丰富的外科经验，他进行了推论，并且论证十分充分：在外科手术中，医生准备割开患者的手臂，释放静脉血时，必须绑缚手

---

[1] 即威廉·哈维（1578—1657），英国医生、生理学家。他发现了血液循环，为近代生理科学发展奠定了基础。

臂，假如绑在切口上面的部位，且松紧适度，出血量就会比不捆绑时多，假如绑缚的位置在切口下接近手的地方，或是在切口上方勒得过紧，出血量就会比不捆绑时少。显然，捆扎得适度时，手臂中的血液就不会从静脉流到心脏中，但是，并不影响心脏中的血液流经动脉，最后流向手臂。这是由于动脉处于静脉的下方，而且血管壁比较硬，不易变形，另外动脉血是从心脏流向手臂，静脉血是从手臂回流到心脏，动脉血产生的压力远远大于静脉血产生的压力；放血的切口位于于臂的某　根静脉上，血液从切口流出，它必定连接着被绑缚手臂下方的许多血管，换而言之，血液通过动脉流向手臂末端的那些血管。他还找到了有力的证据，对自己的血液循环说进行了阐释：在静脉上分布着很多微小的膜状物，它们阻止了静脉中的血液流向身体末梢，而只能从身体末梢回流到心脏中。他还用一个实验告诉大家：假如切开一条离心脏很近的动脉，那么我们身体里的血液会在极短时间内流光，而且我们也根本没有办法想象出这些血液是从心脏之外的地方流出来的。

　　血液循环的缘由正如我上述所说的，而且还有许多证据可以证明这一点。起初我们察觉到静脉血和动脉血并不一样，只有一种原因，就是血液流经心脏后被稀释了，发生了汽化现象。流淌在动脉中的或是刚从心脏流出来的血液，远比流淌在静脉中的或是正准备流入心脏的血液更有活力、更敏感，温度也更高一些；你若再用心一些，就会察觉只有在接近心脏的位置上，才有如此明显的差别，如果距离心脏远一些，差别就不会这么明显。另外，大动脉与动静脉的结构充分显示，血液对它们的压力远比对静脉的要大，所以血管壁很结实；心脏左腔比右腔要宽一些，大动脉比静动脉要粗一点，这是因为静动脉里的血液通过心脏后流入肺部，比起腔静脉的血液更加稀薄，也更容易膨胀。医生能为患者号脉诊治的依据是血液速度、力度的改变，心脏中的温度会使血液的稀薄程度与流速发生改变，以此判断出流经心脏的血液是比没有流经心脏的血液更加有力强劲，还是更加缓慢无力。假如我们要探讨心脏的温度是如何传递到身体其他部位上的，就得认可这是血液的作用，是血液的流动让心脏温度增高，并把温度从心脏传递到身体的其他部位。所以，假如人体哪个部位的血液被抽掉，那个部位的温度就会降低。即使心脏本身的温度灼如烙铁，但是如果手脚不能及时补充新鲜的血液，手脚还是会泛凉。于是大家就意识到，呼吸的意义就是不停地把足够的清新空气输送进肺部，血液被心脏的高温汽化，因而能从右腔进入左右两肺，当血液碰到空气后，遇冷收缩，温度降低，再次变为原来的液体状，流回左腔，唯有如此，才可以为那里的高温充当薪火[1]。这些足以信赖，你们有没有发现，很多动物没有肺而只有一个心腔；母体中的婴儿不能利用肺部进行呼吸，腔静脉中的血液通过一个口子进入左心腔，再通过一根管子，从动静脉到达人体的大动脉中，肺部并不参与活动。除此之外，胃部之所以能发生消化作用，是因为胃里有心脏通过动脉传递过来的温度，以及部分活跃度很高的血液分子，吃到胃里的肉类食物，在它们的帮助下逐步被消化吸收。根据流经心脏的血液每日被汽化的次数多达一二百次，我们就能理解为什么流质肉食能转化为血液了。不必举例说明什么是营养物质，还有身体里不同的液体物质是如何出现的。我们只消知道，血液被稀释时会产生一种能量，随着血液循环，从心脏推向动脉末端，

---

[1] 这里并不是修辞手法，而是笛卡尔不知道燃烧的三要素，认为心脏中存在燃烧现象。

流经某个器官时，其中的因子便留在了这个器官中，挤走这个器官里的一些因子，并替代它们；然而不是所有的血液因子都那么幸运，因为它们遇到的毛孔由于位置、形状和大小的差异，有的地方血液因子能钻过去，有的则不能。如同筛选不同品种的植物籽粒，筛子上面的眼大小不一，分别对应植物籽粒的不同大小。有种情况大家一定要格外留意，就是动物精气[1]的形成：它如同一阵细微的风，更如同一团特别纯正、特别活泼的火，不间断地、数量极多地从心脏之处缓缓升起，抵达大脑，透过神经组织进入肌肉组织中，促使人体的四肢开始活动；不必用什么原因解释，为何动物精气是由最活泼最伶俐的血液因子组成，而且它们不到其他的任何地方，偏偏只往大脑处冲，这是由于它们知道心脏和大脑之间，只有通过动脉所走的距离才最短，还依据了机械学原理（这与大自然的规律一致），倘若没有足够的空间容纳大量的物质拥挤在一起（血液因子从心脏抵达大脑正是这种情形），注定是弱肉强食，那些强大的就会挤走弱小的、反应迟钝的，自己占据上风。

　　那本我准备出版的专著已经对此做了无比详尽的阐述。我在那本书中还提出了一个观点：人体中的神经与肌肉组织必须组成一定的形态后，动物精气才能在身体中游走，从而带动四肢进行活动。我们都目睹过这样的场景，死囚的脑袋被砍掉，虽然已经失去了生命，但是头还会在地上乱动，甚至还会咬住地面；人的大脑肯定产生过一些变化，人才会有时入睡有时苏醒，甚至还会做梦；声光、气温、馨香、味道等外部事物的属性，是如何被人感知并反应给大脑，造成种种印

---

[1] 即"生命的精髓"，也指"元气"，原是经院哲学中一个虚构的概念，被笛卡尔借用来代指一种至今未被证实的概念，即血液的精髓。

象的差异；人感觉到饥饿或者干渴时，是如何让大脑知道这些信息；人是如何利用通感作用，接受了这些信息，并且储存在大脑里面，想象又如何把这些信息摇身一变，让它们组合成不同的印象，还依靠此类办法，让肌肉组织中布满动物精气，引领人的四肢进行形形色色的活动，其中包括人对外部环境的感受，还包括人的心理感受，如同我们的四肢，即使没有什么意识来统领，也会产生不自觉的行动。大家应该感到不足为奇，人类有这样的本领，能创造出不同种类的自动机——能自己做出各种动作的机器，所用元件寥寥无几，和动物相比真的很少，动物身体上的肌肉、骨骼、神经，还有动脉与静脉，简直多不胜数。因此我们这样看就可以了：人体是一台无比神奇的灵敏机器，所有的结构与零件都特别精巧完美，能产生的行为总是令人咋舌。人当然还能制造出其他的机器来，但怎么都无法与人体机器媲美。说到此处，我想强调一下：假如存在一种机器，其外形结构和猴子或其他不会进行逻辑思考的动物毫无二致，那我们就完全无法判断，这种机器的性质和那些动物有什么差异；不过如果有些机器的外形和我们人体如出一辙，还能竭力模仿我们人的行为，那么我们还是可以通过两点来检验它们到底属不属于真正的人类。首先，我们人类会使用语言，而这些机器不会，也不会运用类似语言的符号，把自己的想法向他人传达。不妨假设一下，设计出了这样一种机器，只要我们开始询问，按动它身体上的相应零部件，它就能用几个字来回应，譬如，按住它身上的某一点，它就会完成我们发出的指令，再按别的地方，它就会喊疼。不过它肯定不会把这些字再进行新的组合，以便回答人们别的询问。但是哪怕一个最无知的人，也完全可以做到这点。其次，这种机器的功能很多，而且所做之事可以和人类一样优秀，甚至更高一筹，但是除了这些功能以外，它不会再做任何事。仅此一点就能知道，机器活动凭借的是它本身的结构，而不是理解；理性思维可以运用到所有地方，是全能的，但是这种机器的零件不能如此，某种特别的构造，往往只会产生一种相应的特别行为。于是大家就知道，根本不可能有足够多的零部件供哪一台机器使用，因此它不可能适用于所有地方，比不上人类靠理性来做一切事。凭着这两条，大家就知道了人和动物的差别。我们随时都能观察到：不管人的智商多么低下，哪怕愚不可及，就连傻子也能用不同的字符连缀成句，向他人展示自己的内心；但是无论动物如何完美，天赋多么优良，都全然无法做到这点。不是因为它们没有这类器官——大家都见过鹦鹉和八哥会学人说话，不过它们并不能和人类一样利用语言来表情达意；那些天生的聋哑人，不能像正常人一样说话，这点和别的动物很类似，也许还不如它们，不过聋哑人可以运用手语，熟悉他们的人或学过手语的人就能明白他们所要表达的内容。用语言表达不需要多少理性，这些例子足以说明，动物们不仅仅是缺乏理性，而是根本就没有理性；和人类相似，同一物种的动物个体间也存在差异，有的很聪明，稍微调教一下就会了，有的却怎么也教不会，但即使是最愚蠢的孩子，哪怕是精神错乱的孩子，也会比最聪明的猴子或鹦鹉的说话本领强。因为动物和我们具有的灵魂大相径庭，因此这些才可理解。另外，我们不应将话语和体现情感的自然动作相混淆。因为不仅动物可以效仿这些动作，机器也能效仿，它还能做得和动物一样好。古代曾有人认为飞禽走兽都有自己独特的语言，只是人类无法理解，我们可不能这样认为。倘若真的如此，那些飞禽走兽有不少器官和人类类似，那么它们就应该可以与人类交流想法，就像它们和同类那样交流一样。此外还需留意一事：

不少动物所做出的动作，远远比人类灵活得多，然而在其他方面，它们表现得却很笨拙；动物的动作比我们灵巧，不代表它就拥有思想；假如它们在思想上比我们所有的人都要优秀，那在别的方面也会优于人类；让它们优于我们的只是它们器官的优良，而不是它们具有思想。就像是一座时钟，齿轮与发条的精密组合，促使时钟准确报时，让我们随时知道时间，这种准确程度，即使是最谨慎的人也达不到。

后面我还讲述了理性灵魂的有关知识，指出它不是世间任何物质的产物，它同别的东西截然不同，是来自神灵的杰作。它居住在人体中，就像船长住在船上，带动人的四肢产生活动。然而不止这些，它得和身体密切合作，才会让人体除了肢体活动外，还能拥有情感和欲求，唯有如此，人才确实可称为人。灵魂的话题最为关键，我在此略微多讲一点。有一种谬误，最可能让意志容易动摇的人偏离道德的正道，他们把飞禽走兽的灵魂看得和人类的一样，以为人类无非也和苍蝇与蚂蚁那样，无所谓死，也无所谓生。不过，假如他们懂得人类和动物之间的灵魂截然不同，就会晓得，人类的灵魂不会和肉体共死，灵魂不是必须依附在身体上的；因为找不到什么能够摧毁灵魂，自然而然也就能够得出这条结论：灵魂是不死不灭的。

第六部分

我在三年前写完了包括以上所有内容的那本书。当我进行最后的修正并打算付梓出版时，在物理学方面，有人刚刚阐释了自己新的观点（这里指伽利略发表了地球运行说），却遭到了位高权重者的围攻。我一直十分关注这些人，因为他们的威望对我进行各种活动具有举足轻重的意义，就如同我的头脑必须受到自己理智的操控那样。尽管我不见得就支持这种物理学上的新观点，但是在这些权威人士还没有反对之前，我根本没有察觉到它有何不妥，更没觉得还会对国家机器和宗教造成破坏。所以，如果理智认为这观点可行，我也许会在书中提及。此事让我越发如履薄冰，与此相仿，尽管我十二分小心，我的观点也难免会被人指出哪点是错误的。不管出现了什么新的见解，当我无法切实验证其正确时，我是不肯相信的；不管什么言论，如果可能会对别人产生坏的影响，我是不会写在书中的。这些让我更改了主意，原先想发表的言论全都缄默不谈。尽管当初我有充足的理由想要将它们发表出来，但我脾气古怪，一直反感以写书为业，因此我即便不打算出书了，也可以用其他理由来进行辩解。不管怎样，我觉得这些理由非常重要，值得一听，因此我想和大家聊聊，你们或许也很感兴趣。

　　我一贯不大关心自己内心的想法；过去了许多年，我运用自己的方法却收效甚微，仅仅只是破解了一些思辨类学科的疑难问题，我对这点颇为自豪，其次从这种方法中我懂得了为人一定要老老实实的，从没有想过自己必须写书出版。在处理人际关系方面，相信每人都有各自鲜明的主张，假如大家都能像皇帝那样受上天恩泽，来管理国家，能像预言家那样，占尽天时地利人和，并且激情满怀，破旧立新，那所有的人就都能对社会进行变革，每人都会积极参与，并且争先恐后；我对自己的思想感到十分欣慰，不过想想他人肯定也会满足于自己的思想。然而，当我在物理学方面有了新的收获，并能将其运用在各类难题中时，我就知道自己的这些新观念决不同于当下社会中盛行的道理，并且还大有用处。所以，假如我守口如瓶，就违背了社会公德，不能竭尽所能为他人服务了；从而我意识到，人人都有可能获得一些学问，并对人生帮助很大，因而对于经院哲学中的思辨哲学，我们完全可以置之不理，依靠自己的知觉就能探知到另一种哲学——实践哲学，对于自然界的水、火、空气、天空、星星等围绕在自己身边的事物，对于它们的能量与影响都能一一洞察，如同晓得有什么手艺的人就该干什么那样，接下来就因地制宜，让这些能量发挥最大的作用，我们就可以成为大自然的主人。这样做，不仅是期望人们能够有无止境的技术创新，让人们可以轻松享受地球的各种资源与便捷，更重要的是我们的健康得到了保障。人生在世，最主要的幸福就是拥有健康的身体，身体会决定人的神采面貌，因而只有拥有了健康，才有可能去获得别的幸福。倘若有种办法能让大家变得比以前更精明更干练，恐怕只有医学才能办到。当今的医学鲜有卓著的效果，当然我这么说并不是在贬低现代医学。我坚信一点：连同医务工作者在内的所有人都必须承认，迄今医学上发现的一切比之尚未发现的，简直可以忽略不计；假若人类能够知道生病的根源，知道人类能够从大自然中找到足够的药材，就能避免身体患病与精神得病的概率，乃至能延缓变老的脚步，从而长生不老。反正我早就决定孜孜以求，兀兀穷年，钻研一门对人生举足轻重的学问，如今我早已寻到一条稳妥的道路，只消沿着走下去，就能稳稳地寻到它。但是如今面临两大难题：其一，个人的生命过于短暂；其二，个人的阅历过浅。因此，想要攻克这两个难题，最明智之举就是，及时将自己探明的一切公之于众，要倾其所有，还要实事求是，恳请仁人志士一同为之奋斗，再接再厉，发挥个人所长，进行适合自己的尝试，然后把自己积累的经验教训与别人分享，如此世世代代传承下去，后人就能沿着前人的足迹前行，将前人的心血和智慧累积在一起，如此同心协力，必定成绩斐然，绝非一个人单打独斗所能及。

我还察觉到，人的观念越超前，就越不能缺乏经验。初步进行探索时，可以先相信那些熟悉的、常见的经验；不过要加以思考，尽量脚踏实地，对于生僻的经验无须强求。这是由于大家连最基本的经验都不知道，如果碰到生僻的，肯定会上当，并且那种生僻的经验，往往是在非常特别、琐碎的情况下得来的，难以一目了然。我是如此操作的：开始时，我会先观察一下世间万物，以及可能由此衍生的事物，寻找它们的起源或是发生的缘由，为此，我只单纯认为是神灵缔造了它们，从而忽略其他情况，只从我们灵魂的深层腹地开采潜藏着的真理的种子，然后寻找出原因。大家跟随我就能从这些起因中推论出最首要、最一般的结果；通过这种方式，我发现了宇宙、星辰和地球，乃至地球上的水、火、大气与矿藏等，这些事物最寻常、最简单，因此认识起来也是最容易的。接着，我想要继续推论出一些更特殊的事物时，刹那间纷杂的事物涌在眼前，让我明白，世上事物的种类根本就无法计数，并不只有人类已知的那些。仅靠着人类的思想，是无法区分开地球上现存的全部物种的种类与形式和很久以前就已经出现在地球上的事物。唯一的办法是通过某些特殊的实验，从结果回溯原因。后来，我用心核查，我斗胆认为，只要被我的感官捕捉到的东西，无一例外，全都可以采用我寻找到的本原进行诠释。不过我不能否认，自然界的能量是无穷无尽的，而那些本原却特别普通寻常。于是我察觉到，差不多每个特殊的结论，在开始推导的时候都可以用不相同的方法从那些原因中推导出来，平时最令我棘手的是无法判断到底选择哪种方式得出它；要想处理这个难题，别无他法，只能依靠实验，根据实验结果的不同，判断应该选择哪种方式进行阐述。进行至此，我已然清晰地了解，对于大多数实验，该采取何种视角方能成功；但是我也察觉到，上述实验烦琐而庞杂，仅仅靠我的一双手，加上纵使十倍于如今的收入，也无法完成；所以，我要想在探索自然方面有大的发展，就必须改善实验条件，增加实验次数。为了让大家明白这些，所以我写了那本著作，并确切点明这对大家是有重要帮助的。因此，那些不欺世盗名、不徒有其名，而是志存高远、想为人类造福的高尚人士，我恳请你们把自己的实验结果与我分享，对于我以后的新的实验方向也可以给予指导。

但是当时还有别的原因让我的思想发生了转变，认为自己必须老老实实地把一切写下来。对于我自觉有些分量的事物，但凡我真正了解它，就会实事求是地进行记录，且态度会极度认真，和打算出版时一模一样。这么写可以保证我进行多次斟酌，因为想让大家阅读的东西必须描述得特别详细，但是只打算让自己读的作品就可以敷衍许多（有时我会觉得有些事情非常正确，准备用笔表达时却发现是错误的）。写的时候，还要站在读者的立场上多思考，要表达得清清楚楚。如此下去，倘若我的作品具有某种价值，当我离开人世后，拥有我作品的人使用它就简单多了。但是只要我一息尚存，就坚决不允许出版我的这些书稿，以免招来各种反对的声音，引起人们的各种辩论，也避免让自己的声誉无端受损，招来不必要的麻烦，让我计划中的自学时间被无端消磨掉。原本每个人都应竭力为他人谋福祉，明哲保身毫无意义；但是大家也不应学井底之蛙、目光短浅，倘若能深谋远虑，想着为后人谋福利，而不是只考虑当代人的得失，也很不错。我很乐意和你们说实话，我一直忙碌到今天，所了解的事物也只是一丁点，不了解的还有好多好多，但是我并不气馁，我觉得前途是光明的，自己肯定能了解那些未知的事物。如同一个人来了财运，不费吹灰之力就能金银满贯，慢慢地从各科知识中探寻真理也是如此，而不必担心像以前穷困时那样，百经周折也收获无几。探寻真理如同带兵征战，越是打胜仗越能增强战斗力，如果战败，一定要绞尽脑汁才有希望保存力量，倘若打了胜仗，不费吹灰之力就可以扩张领土，占据大量城市。对于那些探寻真理的路上遇到的各种磨难与谬误，我们竭力战胜它们，这和打仗类似，如果我们在哪个虽然常见但比较关键的问题上出了一点错，那就和战败一样，想要收复失地就得殚精竭虑；但如果基础稳固，就能轻而易举收获繁多。至于我，倘若我从前探寻到了某些学科中的部分真理（希望这本书可以证实这点），这是因为我已经消除了五六个不利因素，可以理解成我已得胜五六次。我完全有把握说，再如此进行两三次，我就能达成目标了；我还不算老，若无意外，应该还有充足的时间完成这个理想。不过我认为，若想让时间发挥最大功效，就得制订计划，合理利用；假如我的物理学研究结果被公开，肯定会招致不少问题，会让我的时间无声溜走。虽然我的物理学原理都很清晰，搞明白了自会对其坚信不疑，并且每一条原理都可以进行验证，但是众口悠悠，不一定所有人都赞成这些原理，因此一想到会招来各种责难，我就会精神涣散。

自然，反对的声音也有积极的一面，它能让我意识到自己的不足；辩论有时也能让他人更清醒地注意到我的长处，再说大家的眼光要比我长远，此时他们反对我，就是变相地用他们的发现在帮助我。虽然我知道自己极易犯错，并且不容易信赖最开始出现在心中的想法，但我知道如何应对他人的反对，经验提醒我，不要奢望在这里头捞到一点实惠。我被人指责的次数不算少，来自形形色色的人，包括我的朋友，包括对我冷淡的人，还有些人存心险恶，对我心存嫉妒，有时我的朋友由于偏向我，可能会疏漏一些问题，心存险恶的人就会大张旗鼓地用这些问题攻击我；但是，对于他们的责难，我差不多都能料到，即便偶尔让我意外，那些言论也都离题千里，不能击中要害；因此，那些反驳我的批评家，基本没一个能比得上我自己的公正严谨。并且，在那种类似经院的辩论中，我从未发现有什么史无前例的真理出现过；这是由于参加争论的每个人都只是在虚张声势，都想争占上风，极少考虑对方的观点，有些人即使做律师多年，但不代表他做法官就会无比优秀。

将我的思想散播出去，他人并不会因此受益匪浅，这是由于我还没将这些想法落到实处，还要做大量的补充，然后才能进行实践。我实实在在地告诉大家，假如真有人能将它落到实处，那肯定不是他人，而是我自己；我并不是自诩比任何人都聪明，世上聪明绝顶的人多得不可计数，但是对于某种事物，想要全面了解、全盘掌握，就不能依靠效仿他人，得靠自己研究。这是毋庸置疑的，不少智力超群的人听我不厌其烦地阐释过自己的一些观点，他们听讲时貌似什么都懂，转述时却胡乱编造，我只能否认自己的观点并非如此。趁此机会，我想向后人们申明，大家一定不要以讹传讹，凡是非我本人宣布的消息，莫要认定是我所为。古代不少哲学家原本并无作品传世，却被莫名强加了很多荒诞不经的说辞，这是司空见惯的事情。但不能由此说哲学家们的思想荒谬，他们毕竟是那时最杰出的人物，只是后人没有据实记录或转述。谁都清楚，弟子之中简直无人可以超越他们；这么说也不为过，当今有亚里士多德的众多追随者，假如他们获得的自然知识与亚里士多德的同样多，就会感觉十分庆幸，但是无论如何，他们都不能收获更多。如同藤萝缠树一样，藤萝必须缠绕在高挺的树木上，却肯定不会高过树木，有时到达树顶后就会垂下来，这些人同样也在下滑中，换而言之，倘若他们原地踏步，他们拥有的学识就会每况愈下。另外有群人比他们做得要好，通读典籍之后，犹感不足，又自设疑问，在书中到处求索，寻到不少意料之外的答案，皆是前辈不曾说过的。前一种探讨哲学的方法，对于资质平平的人，是较为适宜的。他们之所以敢高谈阔论，畅所欲言，好像无所不晓，是由于他们所涉及的领域与道理模棱两可，因此他们说什么都不会错，即使对方的辩驳再高明、再迅速，也会无计可施。这种做法，无异于一个盲人与一个正常人吵架，盲人怕自己失败，偏得把对方拽进黑洞洞的地窖里去。因为我的理论浅显易懂，不公开，这些人就不会吃亏，如果公之于众，就如同我开了窗户，让阳光投进他俩打架的黑地窖。即使是智商最高的人，也无须马上知晓这些理论。倘若只想懂得如何高谈阔论，获得学识渊博的美名，他们只消固守住仿佛可靠的道理就可以了，这些道理不费吹灰之力就能在任何地方找到，不用像探求真理那样呕心沥血。真理都是在某些对象中被一点一滴逐渐发掘出来的，倘若面对别的事物，那我们就得直言自己的无知。要是他们不想装出什么都知道的样子，确实想获得点真理（自然，这些真理有探求的价值），想践行我的实施计划，这就容易多了，只要阅读我著作中的内容就可以了，无须在意我还会讲什么。这是由于，他们的才智远超于我，必能比我更有作为，更不消说，我能察觉到的，他们肯定也会注意到。我的探究习惯水到渠成，没有发现的那些事物比之已经发现的，更艰深，也更为复杂，倘若让他们去发掘，肯定要比向我学习更舒服些；并且，他们还会形成新的习惯，做事总是由简到难，循序渐进，最后才向那些难题发起进攻，比起让我来指导他们，这显得更为重要。就我自己而言，假如很小的时候，别人就传授给我很多真理，都是我之后多年也无法破解的难题，我学得就会十分轻松，想必我肯定不会再明白别的什么真理了，起码想要探求新的真理时，我肯定不能如此娴熟，也不能如此游刃有余。总而言之，倘若世上真有一种职业，它由同一批人彻底完成而不中途换人，如此便能够做得十分出色，那我所从事的职业正是如此。

但是，总要借助一些实验才能完成这项工作，只凭个人之力的确只能望洋兴叹；每个人能充分驱使的只有自己的手，因此不得不寻找工匠或者雇些人帮忙，因为这些人都有爱财之心，所以这种方法最管用，可以让他们用心遵照计划行事，并顺利结束。也许有部分人对此兴致颇浓，他们或许想从中学到点什么，因此自告奋勇前来热心帮助，不过这些人往往是纸上谈兵，他们的有些规划完全不能实现，无非是想借此机会，自己来回答几个疑难问题，或是让对方夸夸自己，寒暄几句，但这样会浪费很多宝贵的光阴。对于有人早就完成的实验，那些守口如瓶的人怎会轻易公之于众呢？即使他回答了一些，也是真真假假，掺杂了许许多多无关紧要的细枝末节，想要找到需要的真理谈何容易；并且很不幸的是，做实验的人讲述出来的实验结果，总是有利于自己，因此几乎所有的实验都越描述越不是那回事，破绽百出，对想了解实验的人来说，即使部分实验能帮到他，也得耗费巨大的精力与时间进行筛选，简直是丢了西瓜捡了芝麻。所以，如果世上有某人能做出最杰出的贡献，利国惠民，大家一定会竭尽全力来支持他，我觉得别人能帮忙的无非是给予经济上的援助，确保他能将实验进行到底，还有，最好谁也不要影响他，不要无端消耗他的时间与精力。但我还不具备这样的能力，不能担保自己的创造就非比寻常，不敢大张旗鼓，不奢望谁都支持我达成目的，我为人也还算磊落，对于任何悖于常理的关照，我都万万不能接受。

考虑到上述情况，因此三年来我一直不肯公开自己已完成的那部作品，我还发誓，只要我在世一天，就坚决不公开其他那些具有提要式的、能让世人窥见我物理学原理的作品。不过由于两个因素，今天我必须在此抛出几个特例[1]，向你们介绍下我的行动与打算。第一个因素：假如我不这样做，若某些人得知我曾有出几本书的打算，看到我半途放弃，必会以为其中有对我不利的因素；我不太看重名声，甚至对它们有些反感，在我看来，宁静为上，它却总会受到名声的影响。我不想隐瞒自己的所作所为，那样会有种犯罪的错觉，也不会将他人

---

[1] 《谈谈方法》后附录的三篇文章，即《折光学》《大气现象学》《几何学》。

拒之门外，不让别人靠近我，假如我这么做了，就会愧对自己，会变得心神不宁，就会违背我对精神的极致宁静的追求；虽然我一直都保持淡漠，不求声名赫赫，也不怕籍籍无名，但仍然会受到名声的影响，因此我打算尽心竭力，最坏也不至于背负骂名。第二个因素让我必须马上完成这本著作：因为我还要做的实验堆积如山，所以自学课程只能日日延迟，倘若他人都不帮我，我肯定不能实现目的，因此我虽然没有那么大的名望，不奢望你们都来全力协助我，但我仍不想推卸责任，免得以后留下恶名。总有一日，大家会批评我太不负责任，不告诉他们怎样才能尽力协助我做好工作，否则我留给他们的成就会更多更大，然而却事与愿违。

我认为选择一些主题进行研究不是很难的事，可以避免过多的辩论声，也能谨守自己内心的原则，不过分把自己得到的原理公之于人，但仍能清晰地表明在各个学科中，哪些是自己能办到的，哪些是无法办到的。至于我是否能完成这项工作，还不好先下定论，毕竟我不好对自己的著作评头论足，所以我不会阻止别人对我进行议论，也愿意接受大家的检验。为了让大家有更多机会参与，那些指责我的人，请你们一定鼎力支持我，劳烦您的贵手把反对的意见邮寄给出版社，一旦我接到出版社的消息，会迅速地把我的反馈意见增添到最新版本的著作中，如此一来，读者就会读到正反不同的辩论，也更便于做出自己的准确判断；我的反馈不会长篇大论，如果我意识到自己哪里出错，必会坦诚接受；假如我没有找出差错，就会为自己的作品进行辩白，简要地叙述自己的重点，绝不会添枝加叶，离题千里，无休无止。

在《折光学》与《大气现象学》两篇文章的开始部分，我讲述了一些内容，我将其命名为假设，并且不想对这些假设进行证明。也许乍一看有些莫名其妙，不过你们要耐心认真地把全文读完。我期待你们的阅读过程是愉悦的，我认为书中所有的推断都是一气呵成的，前边的是后边的证据，后边的亦可为前边做证明，换而言之，原因和结果可以互相推导证明。千万别误以为我犯了循环论证的错误，我由经验得知，这里面的绝大部分结果都十分可信，依据某些缘由，我把它们推论了出来，我并无意告诉世人它们切实存在，只是对它们进行阐释而已，而且与想象不同，它们验证了那些缘由的成立。我把这种推导形式称为"假设"，意在告诉你们：用我之前讲述过的那几条基本原理，也能把这些结果推导出来，不过我坚决不肯那样做，以免被一些狡黠的人使坏；你们得明白，有人穷其二十年光阴得出的研究结果，哪怕只是透露少许字眼，这些人马上就会认为给他们一天的时间就能研究明白；这些人看似相当聪慧、相当伶俐，但是他们更容易出错，也就与真理相距更遥远。若是我按照常规进行推论，这些人就会揪住我的短处不放，说我的原理无非如此，批判我以此肆意地堆砌自己的哲学理论，搞得别人误以为出错的是我。对于我的个人观点，我不否认它们是全新的，也不想为此辩驳，我自知只要你们弄明白我的推论过程，就能察觉到我的观点是特别浅显的，没有违背常理，比起其他人研究的同类问题，是那么普通，一点也不奇特；我不会炫耀这是我首先发现的真理，但值得骄傲的是，我采纳这些观点，并非由于有人如此说过，也并非由于没人如此说过，而只是我的理智占了上风。

假如《折光学》中所解说的发明，不能被工匠立即运用到生活中去，也不能因此断定这种发明就很失败，因为想把我设计的那些机器锻造并组装起来，达到十分完美的程度，娴熟的技能肯定必不可少；如果第一次制造就完美无缺，倒有些不可思议，就像想学琵琶的人，看着一本好乐谱只练了一天，技艺就立马变得高超。这本著作所采用的都是我国的语言和语法，我并没有采用前辈们惯用的拉丁文，这是由于我觉得比起那些迷信古籍的人，一个只靠自己纯粹的天生理性判明是非的人，对我的作品更具有发言权；有些人具有道德感，为人刚正不阿，并且具有学习精神，他们是我最理想的评论者，他们不会因为我没用拉丁文却用了自己国家的语言而闭目塞聪。

另外，对于自己未来能在知识方面有哪些新的成就，我不想在这里详说，对你们过早许诺我也办不到，我就告诉你们一点：我早就发誓，将来我会全身心投入学习自然知识方面，并且脚踏实地地求索，发现一些规律后再提供给医学领域，这比现在所用的要可靠得多；性格决定了我肯定不再筹划别的，特别是那些对部分人有利、对部分人有害的决定，如果被迫去做，我也不认为自己会成功。所以我在此公开表态：我有自知之明，自己不会平步青云，况且对这些我也并不关心；对于那些豁达大度、能让我随心做闲云野鹤的人，我表示感激，我也并不奢求什么高官厚禄。

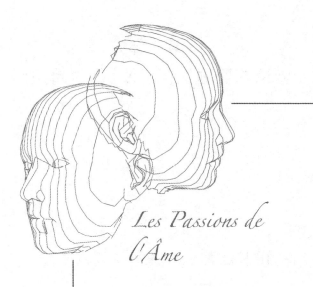

Les Passions de l'Âme

论灵魂的激情

第一部分
对于激情的普遍性探讨或探究人的所有本性

1. 单独个体的激情因素，常常被外人视为行动。

我们从前人那里接受关于激情方面的知识，阅读前人关于此方面的典籍，知晓其尚不够完备。人们一直在竭尽全力探究与其相关的主要内容，这并非难事，而且不需要借助别人的观点，因为每个生命个体都能自我察觉到自身的激情。但是，前人在激情方面教给我们的寥寥无几，而且，大多数都不足为信，所以，我必须避开前人的车辙，才有可能触摸到真理的印迹。

很多人不敢触碰的话题，我却必须认真面对，并且运用自己的方法来处理，我如此写作的缘由正如上面所述。我认为，某个主体发生被哲学家命名为"激情"的东西，以及诱发它发生的人的行动，是我们首先要进行探讨或者再现的内容。所以动作的发出者和受动者之间往往有所差异，不过不管是行动也好，激情也罢，其本质还是一样的，只不过是因为相关主体不同，而得到两个不一样的称谓。

2. 想要了解灵魂的激情，就要学会辨别灵魂与肉体的不同功能。

我觉得我们完全忽视了如下内容：虽然灵魂与肉体密不可分，但若要施动于灵魂，往往比施动于肉体更直截了当。而且，我们也能由此联想到灵魂的激情，通常就体现为肉体上的行为。因此，为了透彻地了解激情，找到灵魂与肉体之间的差别，是相较之下最适宜的办法。借助对灵魂和肉体的辨别，就能够将我们所拥有的能力是属于灵魂的还是肉体的区分清楚。

3. 我们为此应当依据怎样的准绳？

我们必须留心下列事项，才能避免碰到严重的挫折：那些我们能够在自己的身体中悉数感受到的，那些我们观察到的能够在死气沉沉的物质中存在的部分，仅仅属于我们的肉体。与此不同的是，我们自身所有的，用任何办法也不能划归于肉体的内容，就应该全部划归灵魂所有。

4. 肉体产生了肢体运动和能量，灵魂则孕育出思想。

　　肉体是不会有思维活动的，即使用尽各种办法也不行，这点我们坚信不疑，因此我们知晓一切思维活动都是灵魂的产物。而且我们始终相信，即使有些物质并无生机，也可以按照我们人类的方法运动，甚至还有更多种方法。它们能产生各种热能（使用火让我们知道，我们的身体所能做出的运动和具有的热能，只有火能超过），所以，我们应该明白，人体的活动和由此产生的热能，不是由思维决定，因此它们只能划归于肉体。

5. 不是灵魂赋予了肉体运动的能力和热能。

　　这种认识能够让我们不再重蹈覆辙，陷入前人所陷入的错误中。我认为，人们之所以至今也无法清楚地诠释激情和那些从属于灵魂的内容，就是因为这只"拦路虎"的存在：人们目睹了随着肉体的死亡，一切热能都逐渐消失，运动也停止了，因此人们就认为是灵魂主宰了我们的运动以及身体所需要的全部热能。事实却正好相反：在那些死亡的躯体中，由于热能的逐步丧失，原先支配肉体行动的人体结构逐渐陷入腐朽死亡，灵魂因而随之离开躯体。

6. 具有生命的肉体和死亡之躯之间有哪些差异？

为了试图逃离这个魔咒，我们告诫自己，并不是由于灵魂的消失导致死亡，而只是由于身体机器的基本功能丧失了。区分一块运转良好的手表与一块坏掉的手表很容易，换成别的机器也是一样。只要它动力的来源还在（装配起来也是基于这个原因），机器就可以运转。我们区分具有生命的肉体与死亡之躯与之有同样道理。当所具条件可以满足行动需求的时候，机器就是灵动、活跃的，一旦这个条件丧失，就不再具备动力的来源，就像人类的死尸一样，机器就会彻底罢工。

7. 大致介绍一下部分身体器官与其作用。

为了让一切更加通俗易懂，我准备不惜笔墨先和大家聊聊我们身体的结构形式。所有人都清楚人具有心脏、大脑、胃各一个，还拥有无数的肌肉和神经组织、动脉、静脉和一些其他结构。谁都知道，被人体吞咽下去的食物，会先抵达胃部，通过胃部的蠕动，进入肠中。随后，经过消化吸收的营养成分以液体的形式进入肝脏和人体各处的静脉。血液中饱含着营养物质，也由此变得更加旺盛。一个人即使医学常识再怎么匮乏，也会了解心脏的构造，知道静脉里的血液是如何从腔静脉轻而易举地进入心脏的右腔，经过如今被称为动静脉的脉管，流进肺部，再从肺部出发，借助如今被称为静动脉的脉管，流回心脏的左腔，最后进入主动脉和全身的支动脉，帮助血液流向人体全身各处。就是以前的权贵们，只要他们还没有阻塞视听，答应倾听一下哈维关于血液循环的那些观点，就不会质疑在人体的动、静脉中，血液一直在如小河般流动着，不舍昼夜：始于心脏的右心室，通过动、静脉以及它们在肺部的细小分支，来到与它们紧密相连的静动脉中，通过肺部，血液抵达心脏的左心室，继而流入主动脉，经过主动脉的支动脉流向全身，并汇入腔静脉的各处分支，使血液重回到右心室中，再进行一次新的旅程。由此可见，心脏的左右心室就如同供船舶通过的重要枢纽，体内所有的血液都次第流经这里。另外，大家都很清楚，人的一切身体行为都与肌肉息息相关，不过，肌肉之间虽然相互牵连着，动作却是相反的。某处的肌肉产生收缩运动时，牵引着它的身体部位就会受到影响，并产生扩张运动。反之，某处的肌肉产生扩张运动时，牵引着它的部位就产生收缩运动。所以，有时某块肌肉被别的部位带动着收缩时，与之相连的肌肉就会产生扩张运动，这样一张一弛，这块肌肉的运动就会把相关的身体器官全都带动起来。人体所能产生的运动，比如全身的感受，都和一些纤如细丝的神经有莫大的关联。这些细丝样的神经全是大脑产生的，和大脑一样，它们内部都充斥着空气或极其细微的风，有人称其为动物精气。

8. 这些人体功能来源何处？

对于这些神经组织和所谓的动物精气，人们通常并不知道它们是怎样支配着我们的动作和感受，对于我们产生动作和感受的原理更是无从可知。我在自己的作品中曾谈到这些问题，尽管如此，我还要在此啰唆几句。人只要健康地活着，心脏中就会充盈着饱满的热能，这种热能不会消耗殆尽，仿佛是我们的血液在血管中熊熊燃烧一样，产生火一般的能量。正是这种能量，驱动着我们的身体进行多种运动。

9. 心脏运动的原理。

经过心脏的作用，血液很快从心室中喷涌而出。由此就能理解原先被束缚在狭小空间中的血液，为何会瞬间快速地离开右心室到达动静脉，然后经过左心室流入主动脉。血液的这种喷涌运动停止时，很快就有别的血液替补上来，迅速地从腔静脉中到达右心室，再以静动脉为通道来到左心室中。有一些微小的薄膜覆盖在这四个血管的入口处，由于这种特殊结构，血液不得不从腔静脉和静动脉中注入心脏，然后从剩下的两个血管中流泻而出。因此，新的血液每次注入心脏，经过上述作用后也就不再浓稠。心脏和脉搏的跳动原理正是如此。心脏跳动几下，新鲜血液就会注入心脏几次。自然，血液能够迅速在血管中流淌也源于此。在全身的动脉和静脉中，血液快速而且永不停息地运动着，就能把从心脏那里得到的热能传遍全身，并润泽着它们。

10. 人的大脑如何产生动物精气？

不过，我们有更重要的现象要去仔细察看：心脏的高温让血液不再浓稠，有一些成分变得异常活泼，异常细密，它们前仆后继、蜂拥而至，大量涌入大脑。为何它们的目的地是大脑而非别处？这是由于从心脏主动脉流出的血液，全都径直奔大脑而去，不过由于大脑中的血管都很细窄，因此有的血液被阻隔在外，只有最活泼、最精锐的小部分才能有幸通过细窄的路径抵达大脑，其他的只能向身体别处流去。动物精气正是由这些最精锐的因子组成。这些精锐因子在脑部保持原状，却不会与那些不如它们精细的部分混在一起。因而我所说的动物精气同样具有身体的特质，并不曾脱离身体，只是它们异常微小，极其灵活，如同熊熊燃烧的火焰的焰心一样，它们绝不会在某处迟疑徘徊，有的跟随着进入大脑，其他的从大脑的小孔中游离出来，被裹挟着进入神经中，然后进入肌肉组织。如此周而复始，受到身体各处的驱使，动物精气就在身体中以各种不同的形式游走起来。

11. 为何肌肉可以产生动作？

身体之所以能产生动作，是由于部分肌肉产生屈伸运动，与其关联的部位开始产生与之相反的屈伸运动，这是之前就讲述过的内容。肌肉之所以产生屈伸运动，而不像与其关联的部位那样伸张，就是因为前者比后者多了些由大脑而来的动物精气。不过不要认为是大脑里的动物精气促使了肌肉运动，其实在产生运动的两块肌肉中早就存在其他的精气，而来自大脑的精气促使它们迅速地在肌肉之间进行转移，于是，精气变少的那块肌肉慢慢放松，精气变多的肌肉则急遽紧张起来，产生拉伸运动，并牵引着与它相关的肢体。很简单，大家明白一点即可，仅有寥寥无几的动物精气能持续不断地抵达所有的肌肉中，而在肌肉中早已储存着其他的动物精气，它们移动得非常迅捷，不过因为有时寻不到去路，只能徘徊在自己所在的肌肉里，换而言之，就是它们迷路了，时而会跑到相关的肌肉中，这是因为所有的肌肉都有细小的孔洞，可以让这些动物精气进入、流出，并且这些孔洞的散布位置很奇特，如果一块肌肉中含有的来自大脑的精气比另一块即使只多一丁点，这块肌肉中的入口就会全部张开，任由储存在其他肌肉中的精气涌进来，并且同一时间把这块肌肉中所有可能导致精气外泄的出口紧紧关上，因此，两块肌肉中的精气会立刻迅捷行动起来，汇合到一处，让某一块肌肉极速膨大，然后回缩，与之对应的肌肉则不再紧绷，缓缓地张开。

12. 人们的感官如何受外物影响？

我们必须明白，动物精气由大脑传过来，随后流向肌肉，分布模式并不是一成不变的，有的肌肉中会多些，有的肌肉中会少些。我认为，灵魂是导致这种变化的因素之一，后面我会对此详细解说，不过，仍有两个与我们人体有关的原因，在这里要加以解说。其一是感官受到物体的刺激后，运动的形式变得复杂多变，在《屈光学》里，对于这些，我已做过相当多的阐释。不过，为了避免你们在读我的这本著作的同时，还不得不去查阅别的著作，我就再次对神经方面的三大问题强调一下：第一，说说髓质，或是内容物，如同无数微小的细丝一样，髓质由脑部生发出来，舒展蔓延开，连到与它贯通的其他身体部位的末梢；第二，一些薄膜覆盖在这些髓质四周，并与脑部外层的薄膜连为一体，于是形成了部分小管，而那些丝状的髓质就被闭合在其间；第三，相同的管道把动物精气输送到肌肉中，因此那些丝状髓质才能在管道中不受任何约束，可以极尽可能地伸张。所以，即使是最微不足道的东西，往往也能引起身体某个部位的变化。而这个事物的末梢是与该身体的那个部位连接在一起的，身体部位的反应也会影响大脑，因为上述所说事物全都从大脑而来，也可以理解成，如果绳子的一头被我们攥在手中，绳子的另一头也会对我们产生拉力。

13. 动物精气以各种形式到达肌肉中，需要借助外物的运动。

我在《屈光学》中已详细讲述过，我们要观察的事物，是怎样只需通过一些处于我们与事物间的透明媒介，传达到我们的视觉神经细丝上，并由神经触发大脑部分皮层产生运动，在我们与事物之间搭起桥梁。我们眼中的事物斑斓多姿，与它们对我们身体部位产生的多样影响是同步的，并且我认为，在人的意识中呈现出这些事物的，不是因为眼睛的直接作用，而是由于大脑的运转。根据这个范例，对于其他的感觉就好领悟了，像是声音、气息、味道、冷热、疼痛、饥渴之类，还有人们熟知的来自外界的刺激或是自身内心的渴望，都是由神经产生某类活动，然后传导给大脑的事物。此外，经过大脑的各式活动，我们的灵魂产生了千奇百怪的感受，即使灵魂不介入其中，大脑活动也可让动物精气进入身体的部分肌肉（只是这一部分）中，进而让人的四肢产生运动。我在此举例说明。比如某人是我们的朋友，他的手忽然伸到我们面前，似乎要触碰我们的眼睛。虽然明白他是在开玩笑，并不是真的要戳向我们，而且他会掌握分寸，然而我们仍会不由自主地合上眼睛。这说明一点，即使没有灵魂的参与，眼睛也会摆脱我们的支配。原本人的灵魂独一无二的影响便是产生意志行为，或是说灵魂最起码的产物即意志，可是这一回因为外物的活动，我们的大脑产生了另外的反应，这是由人体的特殊构造决定的。动物精气也由此渗入人体的肌肉组织中，控制看找们合上眼帘。

14. 彼此间的差别，导致不同动物精气的活动方式千姿百态。

动物精气不以同一模式渗入人体肌肉中，导致这种情况的其他因素便是这些精气的运动力度各不相同，并且每部分的内部也存有差异。其根源是，当一些精气比其他的更粗壮有力，而且更活跃时，它们就开始进行直线运动，因而可以在脑部的细孔中游走得更远，自然，它们抵达肌肉组织产生的作用，与那些软弱无力的精气抵达肌肉所产生的作用会有所不同。

15. 为何会有差异出现？

这种不均衡性的出现，也许是由动物精气不同的结构决定的。我们会发觉，有不少饮酒过量的人，浑身的酒气很快地融入血液中，抵达心脏，流向大脑，转变成动物精气，较之平时的动物精气更为旺盛，更具穿透力，会用各种特殊的形式驱动我们的身体。还可能是因为心、脾、胃、肝等与受它们影响的人体部位分布位置不同。强调一点：在心脏最下边有部分微小神经，这些神经可以伸张或者缩紧底部凹进去的入口，血液会在此变得多少旺盛一些，因此产生一些构造不同的精气。我们还要强调，虽然心脏中的血液来自全身各处，但是从冲击力更强的地方来的血液，会更轻松抵达心脏，因为这些部位的血液受到肌肉与神经的压迫，或者翻动次数更加频繁，而且，因为来源有差异，所以血液在心脏中被扩张的形式就不同，因而最终形成的动物精气也会千差万别。举个例子，由肝脏（此处产生胆汁）而来的血液，和由脾脏而来的血液，虽都处于心脏中，但扩张形式有差异；由脾脏而来的血液和由四肢而来的血液，在心脏中也以不同的形式进行扩张；食物经过吸收，即经过肠胃后又通过肝脏最后流到心脏中的血液，与由四肢而来的血液，扩张形式也大相径庭。

16. 灵魂不介入，被感知的事物和动物精气怎样对整个身体产生作用？

最后还要重视一点，人体特有的结构，能令动物精气的活动发生改变，并能让大脑中的部分孔道张开，当具有感知作用的神经引起某个孔道张大或缩小一些时，正在运行中的动物精气就会呈现出少许变化，它们以在同等状态下惯有的模式，进到那些牵引躯体产生运动的肌肉里去。所以，灵魂不介入的一些活动，像是人的呼吸、行走、进食等，还有我们和动物们大同小异的一些行为，都是由身体结构与心脏刺激所产生的动物精气决定的，精气在脑部、神经组织、肌肉里自由地穿行，影响着我们的活动。这与齿轮、发条之间齐心协力，让手表运转起来具有同样的道理。

17. 灵魂的作用。

我们认真研究了身体本身固有的属性后，对于身体中那些只属于灵魂的部分，即我们的思想，就不难认识了。思想大致分为灵魂的行为和灵魂的激情两种。灵魂的行为即人的意志，我们感觉到它由灵魂发出并只依赖于灵魂。相反，我们基本上能够把人体中一切的感知与认知叫作灵魂的激情，它们的状态不是我们的灵魂引起的，我们的灵魂之所以能够接纳它们，只是借助于所感知的东西。

18. 谈谈意志。

意志分为两类，有一种灵魂行为在灵魂的内部实施完成，例如，我们想要皈依宗教，或是每每把自己的思想投射到一些非物质的东西上时，即是如此。还有一种灵魂行为，需要依赖我们的身体，例如，当我们有散步的渴望时，双腿就会自然地运动，于是我们就会随之前行。

19. 谈谈知觉。

人类的知觉也分为两类：一类起源于灵魂，一类起源于身体。起源于灵魂的，包括人的意志、身体产生的想象以及与之有关的思想。我们能肯定一点，我们期盼的，不过是一个能够认识的，并能对之产生期待的东西。从灵魂的层面看，这属于对某个东西产生期待的行为，然而我们还能认为这是一种灵魂的激情，是对所期待的东西产生的。但是，因为这个知觉和意识行为其实是同一回事，而名字又来自最上层的人物，因此大家就不大愿意称它们为激情，仅仅把它们当作一种行为。

20. 谈谈想象，以及其他源自灵魂的思想。

人们的灵魂对一个虚拟的东西产生幻想，像有时会浮想出一些不可名状的宫阙楼阁，有时会幻想出一个奇形怪状的东西，另外，当人们思索理性的且无法想象的东西时，譬如对自己的本性进行思索，灵魂对这些东西的大部分感受要依靠人的意志，只有这样，灵魂才能对这些东西产生反应，这也可以解释为何人们不把知觉当成激情，而仅仅当作一种行为。

21. 只是源自身体的想象。

很多由身体触发的知觉，都受神经影响，不过也有例外，那就是想象，我们上文刚刚阐释过。不过，人的意志并没有架构想象的企图，所以想象不属于灵魂的行为，而是来自各类动物精气。动物精气与大脑中原有的某种影像产生反应，激发出了想象。这些动物精气是无意识地通过我们脑中的一些孔道来到我们大脑中的，这也是为何我们做梦时会产生幻觉以及清醒时有时也会产生幻觉，此时的我们神思恍惚，不能把精力专注在哪一点上。倘若要用"激情"一词来表示最专业、最准确的含义，那么我们认为此类的想象行为确实属于灵魂的激情，按照我们平时对待激情的态度，此类想象行为的确可以这么归类。不过，借助于神经，灵魂能够感知到知觉，起因十分清楚而明确，但想象就完全不是如此。感觉上，它们只是一些影子画面之类，所以，当我们还不能很好地分辨它们时，一定得先找出这些知觉之间的差异。

22. 另外部分知觉间的差异。

那些借助于神经的作用进入灵魂的知觉，我还都没有进行阐释，它们彼此是千差万别的，部分知觉其实与刺激我们的外界事物息息相关，剩下的一部分，受我们的身体或身体的某些部位影响，其余的则和我们的灵魂有密切关联。

23. 可以与外界事物联系起来的知觉。

有些知觉，与我们体外的一些事物联系紧密，是指它们与人体的感觉器官有所联系。起码当我们的判断正确时，这些知觉是由感官对象促成的。由于感官对象的出现，我们的外感官系统产生部分活动，神经也随之介入，让我们的大脑中产生了部分活动，灵魂捕捉到了它们。因此，当我们看到一支蜡烛烛火摇曳，也恰好聆听到钟声敲响时，由于光与声音的运动完全不一样，因此它们的参与就激发出身体中的部分神经产生两类迥异的活动，然后把自己的感受，分别以不同的形式传递给灵魂。并且，有了这些感受后，我们会自觉地将其与外物联系起来，假设是这些外物造就了它们，那么我们会看到烛光，听到钟声，而不是单纯察觉到它们的活动。

24. 可以与人类躯体联系起来的知觉。

有些知觉，可以把自己与我们的整个人体或是人体的一部分联系起来，譬如我们想吃东西、想喝水，或是有别的身体渴求，并且能感受到悲伤、灼热或其他刺激，我们体外的事物是无法如此与知觉相联系的。因此，由于有神经的介入，我们就能感受到双手的冰凉，而当我们把手拢在火苗上时，又能感受到炙热。同样，我们也能感受到双手的温暖与外界的寒冷：我们的双手能感受到冷热变化，其实与我们感受外界事物温度变化的活动毫无二致，只是由于这两种活动是先后发生的，所以我们认定第一种活动产生于我们体内，而后面的活动并非如此，它们产生于能导致其发生的事物之中。

25. 可以与人类的灵魂联系起来的知觉。

有些知觉，只是把自己与我们人类的灵魂联系起来，即在人类灵魂中能感知其存在的感觉，我们通常觉得没有别的什么缘由可以与它们联系起来。这部分知觉——包含喜、怒和人类其他的情感——的产生是因为有些事物作用于我们的神经系统，或是其他缘由。但是在全部的知觉里面，无论是那些可以与外界事物联系起来的知觉，还是与我们躯体联系的知觉，如果在广义上运用"激情"一词，那从人类灵魂的角度来看，它们的确属于激情的范畴。不过按照惯例，我们还是重新定义一下"激情"一词，把它规定为特指与人类灵魂息息相关的那部分知觉。我所阐释的，正是这种狭义的知觉，专属于灵魂的激情。

26. 有些想象，只产生于动物精气偶尔的运动，却与源自神经触发的知觉相同，兴许都属于真正意义上的激情。

还要留心，借助于神经，那些能够被灵魂关注到的事物，自然也可以借助于动物精气的运动而被灵魂捕捉到。不同的是，有些想象是经过神经这个通道抵达大脑的，还有些想象是因为动物精气的运动在脑中触发的——在第 21 条中，我们就讲述了这类想象，如同某些事物投下的暗影或画面那样，与之相比，通过神经得到的印象要更加灵动分明。还得留心一点，画面有时和它所表示的事物特别类似，乃至让我们出现了偏差，把它们和那些体外之物引起的知觉混为一谈，或是与来自我们人体的一些知觉混为一谈。不过我们仍不能把它们当成狭义上的激情，因为这部分激情如此靠近我们的灵魂，甚至存于灵魂之中，以至我们的灵魂只有真正捕捉到它们后，才有可能察觉到它们。所以人不管是睡着时，还是清醒时，经常会十分清楚地想象到一些事物，我们总以为真正看到了它们，或是感觉到它们就潜藏在我们的身体里，但事实并非如此。不过，当我们处于梦境之中，梦一个个接踵而至时，即便我们特别哀伤，自己却浑然不觉，别的激情也不可能触动我们，不过有种情况例外，就是当我们的灵魂自己真正沉陷于这种激情中时。

27. 如何界说灵魂的激情。

当我们深入研究灵魂的激情与其他思想的区别后，好像我们可以这么认为，灵魂的激情特指部分知觉，或是部分感受，或是部分灵魂的感觉，它们全都与人类的灵魂息息相关，它们能凭借某些动物精气得到激发、维护与巩固。

28. 阐释此定义的第一部分。

我们通常喜欢使用"知觉"一词来代指那些并非属于灵魂或意志的思想，而不单纯是指明确的认知，故而，灵魂的激情就能够被我们称为知觉。阅历让我们知道，因为激情而亢奋的人，并非是对激情最熟悉的人。这类激情通常以这样的知觉形式存在：密不可分地处于灵魂与身体之间，芜杂，混沌不清。有时我们也用某些感觉来称呼它们，这是由于灵魂接纳它们，并且与灵魂接纳可感知的外物方式相同，并没有什么不一样的方式。不过，这并不影响我们认为它们是灵魂具有的情感，灵魂中所有的改变都能用之命名，它们可使用在灵魂各种相异的思想中。着重来讲，这是由于灵魂所包含的所有思想中，最能对灵魂产生深刻作用和震撼的就只有这些激情了。

29. 阐释此定义的其余部分。

对于这个定义的其余部分，我接着进行阐释。它们是一些特殊的知觉，和我们的灵魂联系在一起，如此说，是想把它们和别的感觉区别开，例如对于外物的感受，像气味、声响、色彩等，还想把它们与人体其他的感受区别开，类似饥渴和痛苦之类。我想阐释一下，到底是何种运动催发了动物精气，并维护和巩固着它们，如此一来，就能与人类意志的行动区分开，毕竟意志的行动也被我们当成灵魂的一类情感，但是诱发它们的只有灵魂本身，我们最终能找到最符合它们出现的缘由，从而能分辨出它们与其他感受之间的差异。

30. 灵魂与整个人体结合得都很紧密。

不过，我们得首先意识到灵魂与整个人体结合得都很紧密，这样才能领会上面谈到的那些，并且我们一点也不能以为在身体的某一部位存有灵魂，而在其他部位就没有。要知道，人体是完整的，按照一定的形式组合，全身的零件就是这样密不可分，互为一体，如果一些零件被拿走，身体就会变得残缺；灵魂的特性之一，就是和它的广延性毫无关系，也不存在由哪种东西组成的物质维度或特征，而只是和全身的器官紧密结合。因此，也许我们既不可能认识到灵魂的一半或三分之一，也不可能估计出它所占据的空间，而且人们去掉某个身体部位时，它也不会因此变小。不过，当人体器官的组合被破坏时，灵魂和身体就会彼此分开。

31. 如果处于大脑中的某个腺体组织中，灵魂比在别处更能大展身手。

我们必须意识到一点，虽然灵魂与全身都是贯通的，但是它如果处于某个组织中，一定比在别处更能大展身手。通常大家都觉得这个组织不是大脑就是心脏。认为是大脑的，是由于大脑贯通着所有的感官；认为是心脏的，是由于好像大家正是从心脏那儿体验到了激情。不过，经过我的冥思苦想，最终明确一点：能让灵魂迅速释放自己能量的身体器官，并非心脏，也不是整个大脑，而是大脑最里面的某处，一个极小极小的腺体组织。这个腺体处于大脑的最中间，它下面垂挂的是一条导管，导管贯通了前脑和后脑，把里面的动物精气连在一起，而且，只要这里边产生一些细微的运动，就能对动物精气的活动产生重大影响，当然，如果动物精气发生了一些细微的改变，这个腺体的活动也会受到极大影响。

32. 我们是如何知道灵魂就在这个小腺体里的？

灵魂在这个小腺体里，却不在身体的其他部位，而且还时时刻刻对人体产生着影响，让我信服这一点的原因是，我思虑到在人体中，除了大脑，别的都是成双的，例如，人有双手、双眼、双耳，而且，感受外物的器官都是成双出现的，不过面对某个事物，我们仅仅只能出现一种最单纯的想法，所以，一定有这样的部位，可以让来自我们双眼的两个印象，来自我们其他成双感官的两个印象合二为一，最后才被灵魂接受，如此一来，灵魂感受到的只有一个事物，而不是两个。大家也能就此认识到，这些或其他印象，都是布满大脑的动物精气密集在这个小腺体里完成的。在人体的别处是无法完成这些的，唯有集中在这个小腺体中时，它们才能团结为一体。

33. 激情并不是在心脏中产生的。

有种观点完全可以忽略，就是认为灵魂感受到激情的场所是在心脏中。他们如此认为，是觉得只有从心脏那里才能捕捉到激情的微妙改变。但是，能察觉到这点，是由于有一根源自大脑的微小神经，在大脑和心脏之间充当了媒介。如同人们觉得脚疼，是通过脚上神经的参与才感知到的，又好似我们能看到天穹中的星辰，是因为它们反射过来光芒，而我们的视觉神经又充当了媒介，所以，对于人类的灵魂能迅速地作用于心脏，从而感受到激情的观点，其实和认为灵魂飞升到空中才捕捉到星辰一样不确切。

34. 灵魂与人体是怎样相互作用的？

所以，我们不妨如此假设，灵魂积聚在大脑中的一个小腺体中，动物精气、神经、血液充当了媒介，从而让灵魂对身体其他的部位产生反应；血液可以作用于动物精气产生的印象，并经由动脉将它们扩散到全身各处。回想一下，我们曾打过"身体机器"的比方，众所周知，人体各处都遍布着微小神经的大网，当有外物触动我们时，它们就产生各种各样的活动，促使大脑中的微小细孔张开，因此，动物精气就从所在的腔管涌进肌肉中，它们是怎样被推动起来的，就会怎样作用于身体。自然，动物精气也会因为别的迥然相异的缘故被推动起来，也能保障它们涌进人体各处的肌肉中。我们仍然假设，灵魂平时在那个小腺体里，即储有动物精气的腔管上方恰好有小腺体垂下，并被这些动物精气驱动着，事物有多少种被感知的形式，动物精气就有多少形式去驱动它。然而，灵魂也会对其施以多种作用，而灵魂具有收纳各种形象的特征，可理解成，不管这个腺体中产生何样的活动形式，它都能产生对应的感觉。人的身体机器也是按照这个原理构成的，因此，灵魂与其他因素可以采取相异的手段驱动这个腺体产生运动，而环绕在腺体周围的动物精气，被腺体驱使着涌进大脑的孔洞中，接着以神经为通道到达肌肉中，人体于是受到灵魂的指引。

35. 通过范例，阐释一下部分外物是如何在大脑中的这个腺体中集结印象的。

譬如，当一只动物向人走过来时，动物经光反射后，就会形成两个与此关联的影像，反射到人对应的两只眼睛里，通过视神经这一媒介，这两个影像进入大脑，在和视神经的凹陷部分相对应的大脑表层上生成两个带有差异的影像。接着因为腔管里动物精气的作用，这些影像放射出来，冲向处在动物精气围绕着的小腺体。模式如此：在小腺体中，有相应的点与第一个影像的活动对应着，自然，也有与另一个影像的活动对应的点，重叠在腺体的这个点上，指示的也是这个动物身上的同一位置。如此一来，动物经反射后的影子在小腺体这里合二为一，只构成了一个与这个动物相关的印象，而且会很快地对灵魂产生作用，让灵魂察觉到与这个动物相关的印象。

36. 举例阐述在灵魂中激情被引发的不同形式。

假如得到的印象并不熟悉，而且特别恐怖，会令人联想到之前伤害自己的事物，灵魂中的害怕激情就会被催生，能令人变得大胆或害怕、担忧起来，到底结果如何，是由人不同的天性或是大小不一的精神力量决定的，也取决于人们以前险中求生的经历：我们到底是进行防御还是逃跑为上，来应对和过往经历类似的可怕事情。于是有些人的大脑中就产生这样的情形：对该印象产生反应，有些动物精气在小腺体中促成印象后，又作用于某些神经，而这些神经会让人们下意识地转身，然后指挥着双腿准备逃命，而且部分神经会加宽或缩窄心脏的入口，还有部分神经能让血液翻滚，然后离开心脏，流到身体别处，也因此这些血液被与之前有异的方法稀释了，而且还携带着部分动物精气并将它们输送到大脑，于是，大脑中的动物精气就让恐惧的激情变得更加剧烈，并能持续很久，也意味着，大脑中的孔道会被动物精气再次打开或持续张开，这些动物精气于是就涌进大脑的孔道中，让小腺体中产生一种特殊的变化。这种变化必然会被灵魂感知到，因为大脑中的孔道平时联系着一些微小的神经，这些神经能促使心脏的入口关闭或张开，因此仿佛只有从心脏中，灵魂才能真正体验到激情似的。

37. 为何认为激情的产生完全取决于动物精气的一些行为方式？

由于其他激情的状况与之类似，差不多也是被脑腔中的动物精气激发，并且脑腔中的动物精气有些进入了某些神经，引起心脏入口关闭或张开，或是利用其他活动形式，促使身体别处的血液都涌进心脏，也或者还有其他方式来维系此类激情，所以大家就能弄明白，我为何非说激情完全取决于动物精气的一些行为方式。

38. 某些运动伴随着激情，然而并非由灵魂指引。

我还要讲一点，动物精气按照相同的形式涌向心脏，这些行为让脑部的小腺体开始活动，正是腺体的活动，让灵魂中生发出恐惧的激情；与此同时，有些动物精气也是按照这种形式涌入某些神经中，在神经的驱使下，人就想迈开双腿逃离，其他的动物精气也会随之被激发，身体想要逃脱的欲望马上被灵魂察觉到，所以，尽管没有灵魂的指引，但依靠人体器官的自我调节，依然能支配这次行动。

39. 发生的根源一样，为何激情在不同人身上有不同的反应？

某个人因为某个恐怖的事物产生的印象形成于大脑中的小腺体里，

并激发恐惧的激情，使这个人变得害怕，但如果换一个人，则也许会变得勇敢无畏。这是因为，人们大脑被神灵放置的方法不都是一样的。让某些人产生恐惧激情的小腺体的行为方式，如果发生在另外某些人身上，就能令其体中的动物精气涌进脑部的孔道中，其中一些会进入部分神经，进而促使双手产生防御动作，还有一些动物精气进入另一些神经中，推动血液向着心脏流去，心脏的某种特殊运动又促使某些特殊的动物精气产生，于是，对某物的防范会一直持续下去，而且警觉性会越来越强。

40. 上述激情会导致怎样的根本后果？

所以，我们就能注意到，激情在这些人身上体现的根本后果是：能促进人的灵魂滋生渴望，去寻求人体中它可以触动的部分，所以，恐惧会让灵魂试图逃离，果敢会让灵魂渴望斗争，以及其他类似的活动。

41. 灵魂对身体的作用。

不过，意志本身就是无拘无束的，没有什么能禁锢它。在灵魂的概念中，我进行了划分，其一指灵魂的行为，即通常所说的意志，其二指灵魂的激情。我们在这里讨论的激情选取的是它的通常含义，囊括了人们各式各样的知觉。第一类知觉的实力毋庸置疑，并且人体只能迂回地作用于它们，与此截然相反，第二类知觉必然会作用于触发它们的躯体行为，而且它们的变化只能通过灵魂的侧面影响，自然得排除灵魂就是诱发它们的起因这点。一切灵魂行为的实质是，只是借助它的作用，灵魂就能对某个事物有所期盼，也唯有如此，脑中与它相接的小腺体才能运转起来，于是，与这个意志相应的行为才会出现。

42. 在所有印象中，灵魂是怎样寻找到自己所需要的那部分记忆的？

当然，如果灵魂准备追忆某个事物时，这个意愿就会驱使小腺体不停地转换方位，进而推动着动物精气分散到大脑的各处去，直至动物精气遇上该事物留下印象的地方为止。这些印象被灵魂再一次捕捉到，且只会出现一种情形：之前，大脑中出现关于这个事物的印象时，会有动物精气流动在脑部的部分孔道中，而脑部其他孔道中也有动物精气向这里流动，不过开启前面的孔道会更便捷些，也较易被察觉。所以，一旦动物精气与这些脑部孔道接触后更容易进入，就会促使小腺体产生特殊活动，受小腺体的作用，灵魂中就会浮现出关于这个事物的同一印象，灵魂会自动识别出这即它所需。

43. 想象在灵魂中如何产生？灵魂怎样变得专注并启动人体？

当人们幻想一个未知事物时，自然也有同类意志存在，驱使小腺体按照相应的形式行动起来，于是，有部分动物精气就往大脑的部分孔道中流动，孔道随之张开，人们幻想的事物也就显现出来了。当人们希望长时间研究某个事物时，这种意志就会让小腺体同步停留在同一位置上。假如人们准备用步行或者别的形式让自己的身体动起来，小腺体就会受到这种意志的驱动，从而把动物精气推到人体相应部分的肌肉中去。

44. 所有的意志活动都与小腺体的相关活动有关，不过，人们还可凭着勤奋与一些习惯，让其他运动参与到意志活动中来。

不过，不要认为只要有意志存在，人体就会产生一些运动，或是引起别的兴奋情绪。变化之所以产生，是源于人的秉性或生活方式的差异，因此，不同的腺体进行活动时，与之相关的思想就都会有所不同。例如，假如一个物体与人相距遥远，想看清它的意志就能令瞳孔增大，假如人只是想看清一个近处之物，瞳孔自然也会随之缩小。假如人只是单纯想让瞳孔变大，那么肯定枉然，仅有这个意志并不会让瞳孔发生改变。这是因为，虽然人们目视远方或注视近处时，瞳孔会相应地变大或缩小，可是人类并不具备一种天然力量，可以让小腺体按人类的意志作用于视觉神经，令瞳孔想大就大，想小就小。而且，人类交谈时，仅仅是想把自己的意思表述出来罢了，因此我们能顺利地让口舌迅速动起来，这比起费尽心思利用别的方法，想让口舌也吐出同样的言辞同样的声音，更有优越性。这是由于，说话时人的小腺体能促使口舌产生运动，我们的表达与这些肌肉的运动密不可分，而固有的说话方式让人们的灵魂行为也与此维系在一起，并不能理解成是与肌肉运动的简单联系。

45. 在灵魂的激情中，灵魂起到了什么作用？

对于人的激情，意志行动无法直接引发它，也无法将其抹杀。不过，总有某些事物的出现，能间接引发或消抹人们的激情，一般情况下，这类事物总是和人们所需的某种激情密切相关，与人们不想接受的激情截然不同。因此，为了让自己能够增强胆识不再惧怕，只凭意志是行不通的，人们必须得竭力进行理性思考，联想到部分的事例，让自己明白风险并不怎么大，同时认识到竭力进行斗争比起仓皇出逃更安全些。假如人们真的为此打败了它，就会油然而生自豪感与无尽的欢愉，若是人们只顾着仓皇出逃，将来必会悔恨不已，并为之蒙羞。

46. 为何灵魂不能悉数掌控来自灵魂的激情？

有一个因素能够干扰到灵魂，让激情随时更改或者彻底停下来。我在之前定义它的概念时就意识到，不单纯是动物精气的哪个特殊运动能激发它，特殊的运动也能维持并增强它。这是因为，激情的产生总会伴随着心脏的某种激动情绪，所以，这种情绪自然也会影响到全身的血液与动物精气，这种情绪没有消失前，激情会持续存在于我们的思想中，宛如存在着某些事物，能够作用于我们的感官，好像它们一贯就显现在那里一样。当我们凝神于某物时，灵魂能让我们忽略一些细微的声音与自身微小的痛楚，不过对于来自空中的雷鸣声与来自火焰的炙烤，它却无法让我们无动于衷。与之类似，灵魂能够驯服一些微小的激情，不过对于那些横冲直撞、澎湃激荡的激情，灵魂却无法阻止，除非血液变得平静，动物精气也变得安静。当这种情绪还很强烈时，意志只能竭尽所能不去支持它，以及不断地压制身体对激动情绪的妥协。譬如，怒不可遏时，我们往往会举起双手，想要打在他人身上，但通常意志会让我们克服这种冲动，假如恐惧时我们准备拔腿逃离，而意志完全可以阻止这种行为……

47. 人们沉浸于遐想中时，灵魂初级的一面与高级的一面有着怎样的矛盾？

　　人们沉浸于遐想中时，灵魂初级的一面（亦称感性部分）与高级的一面（亦称理性部分）之间，或是天生的渴求与意志之间都存在着矛盾。实际上，这是小腺体里不同运动产生的冲突，这时动物精气与人的意志齐聚小腺体，它们分别来自人体与灵魂，都刺激着小腺体产生运动。每个人拥有的灵魂只有一个，并且它浑然一体不能分割，它包括感性的成分，也包括理性的成分，它所有的渴求都是意志的体现，所以，当有差别的甚至是迥然不同的角色特征体现在同一人身上时，就已出现了差错。之所以这样，仅仅是由于人们混淆了灵魂与自身肉体二者的作用，实质上，人身上会有一些违背理性的东西，人们理当把它们划归人体而非灵魂。所以，我们所说的只是发生在脑部的小腺体中的矛盾，灵魂能把它们驱向某一处，然而来自人体的动物精气，又能把它们驱向另一处。我之前就谈到，不少情形下，这两种推力的方向截然相反，推力大的一方会对推力小的一方产生阻力。不过，被动物精气激发的脑腺体所产生的两类活动是不一样的：一类让灵魂能捕捉到刺激人体的物象，或是让不少影像汇集在脑部，但都不会作用于人的意志；另一类却会作用于人的意志，它们的出现会触发多种激情，或是随着激情的产生，人体也会产生相应的反应。第一类活动虽然常常会干扰到灵魂的正常活动，有时也会被灵魂的行为阻遏，不过并不存在直接对抗的关系，所以我们无法察觉到什么矛盾。只有在另一类活动中，或是意志产生动摇时，人们才会察觉到矛盾的存在。比如，通常在人体中交叠着两股力量：一股是小腺体被动物精气推动着，想让灵魂升起对某物的渴望，一股是灵魂在逃避这个渴望，让意志作用于小腺体。之所以会产生这种矛盾，是因为意志并不能直接催生激情，和我们所说的一样，意志一直都在竭尽全力工作，当专注地思索不一样的对象时，它具有局限性。假如某个东西在某个时间段内能左右动物精气的活动，后面的对象就未必有这种本领。动物精气会迅速恢复如常，按照以往的轨迹活动。在人体的神经、心脏与血液中，动物精气不曾更改分散的比例，所以，这导致面对同一个对象时，灵魂一面被推着想要滋生渴望，一面又想去阻止这种行为。由于这种原因，大家或许就能察觉到自己的体内存在着两股矛盾着的能量。但是，还有种情形依然不妨碍人们去想象某种矛盾：即使灵魂还无动于衷，一般引发灵魂的激情的某个因素，仍会激发人体进行某些活动，灵魂意识到后，自然就会去阻止或是试图阻止它们。比如让人心生恐惧的事物，往往也会令动物精气游动，涌进可让人抬腿逃窜的肌肉里，然而意志大胆地制止了这些行为，这些情况都会加强人们对自己的体认。

48. 如何辨认出灵魂是坚不可摧的还是不懈一击的？导致灵魂脆弱的因素有哪些？

所以，基于对以上矛盾的认识，大家就能了解到个人的灵魂是有力的还是虚弱的。有些人能用意志轻而易举地战胜激情，还能终止身体正在进行着的活动，这些人的灵魂自然是最强大的。不过，部分人感受不到自己灵魂的能量，这是由于他们不让自己的意志与自身中的能量出现矛盾，只准许那些促使它产生激情的能量与意志有矛盾。我谈到的灵魂原有的能量，包括部分明确的决断，还有对善恶的区分，灵魂就是由它们来为自己的行为导航。那些孱弱不堪的灵魂，其意志无法如此勇敢地听从那些英明的决断，而是听任自己被眼前的激情裹挟，因为这些激情之间常常产生冲突，依次牵扯着灵魂向自己靠拢，就会让灵魂自相矛盾，甚至会让它陷入最糟糕的地步。因此，惧怕的激情会让死去变得无比丑恶，此时只能借助逃遁来逃离这种局面，但是在人的意志中，逃遁是可耻的，和死亡相比，更加恶劣。因此就出现两类激情不停地交锋，人的意志会忽而倾向前者，忽而倾向后者，导致自己身陷矛盾的旋涡之中，灵魂也会被奴役，变得相当糟糕。

49. 假如对真理缺乏足够的了解，灵魂就会羸弱不堪。

不过，终归极少有人会这么孱弱不堪并且迟疑不决，从而甘心被动地臣服于激情。很多人能坚持自我的决断，就是因为坚信了这些，因而能做好自己的一些行为规划。虽然这种决断经常是错误的，甚或基于意志曾被战胜或迷惑的某些激情产生的，但是就算诱发这种决断的激情不足，意志依旧会听命于它们，人们也就可以把它们视为自己的原动力，审视自己的灵魂听命于它们的程度，从而知道自己的灵魂究竟是顽强的还是羸弱的，从而与眼前那些有冲突的激情抗衡。不过，尽管都是决断，但有的源自错误的偏见，有的来自对真理的正确了解，二者是迥异的。假如人们听从后者，就会称心如意，不会徒生懊恼。假如意识到前者并不正确，而自己曾经听从过它，人们就会感到惋惜甚至追悔莫及。

50. 即使是羸弱不堪的灵魂，只要进行得当的指引，也可以完全掌控激情。

我们在此明白一些真相是有益处的，像上文中我提及的，好像我们有生命之始，小腺体的所有活动就理所当然地与我们的某种思想有关。不过，人们可以借助于习惯把这些活动与另外的思想联系起来。以往的阅历让人们察觉到，小腺体的活动会引发系列的活动，而关于这些的讲述，本质上仅仅是展现给灵魂的声音，有时表达得会比较艰难。而当这些声音被呈现在纸面上时，又也许仅仅是一些字母的模样，但是，人们借助于习惯，无论是听声入耳，还是看字入眼，都会对它们的含义进行思索，它们会促使人们深究其意，而非单纯地看到字母或听到音节。我们必须明白，小腺体的活动也好，动物精气与大脑的活动也好，它们都把一些东西展示给了灵魂，会与某些促使灵魂产生激情的活动紧密联系，但是由于习惯的作用，它们也会脱离这些活动，而与别的与此截然不同的活动产生联系，并且仅仅一次活动就会养成这种习惯，无须太久。与此相同，当人们兴致勃勃地对着一块烤肉准备大快朵颐时，却猛然看到上面沾有污物，这突如其来的变化，会让大脑中的组合产生变化，因此如果再见到类似的美味，人们就不会再异常激动了，只会徒增反感。人们在动物身上也察觉到类似的情况。诚然，动物不具备理智，也不会像人类那样进行思考，但是既然小腺体的活动能促使动物精气让人类产生激情，自然在动物身上也可以这样发生，只不过动物不会对激情进行维持和巩固，但是随之发生的神经与肌肉的活动，却往往可以得以维持和巩固。所以，当一只山鹑出现的时候，看见它的狗就会本能地跑过去，如果此时有人开枪，狗就会本能地向后逃跑。但是，人们驯服猎狗时，却让它们看到山鹑就止步，枪响时却猛扑过去。明白这些道理，那些想自如掌控灵魂激情的人，就会受到启发而变得刚强。动物不具备理智，但是人类可以借助一些手段来扭转它们的大脑活动，那么显而易见，对于人类自身的操控就变得更加容易，即使是灵魂羸弱不堪的人，也能通过特定的方式驾驭和操控自身的激情，从而完全掌控它们。

第二部分
激情的种类与排列，对于六类常见激情的阐释

1. 何为导致激情发生的主要因素？

综上所述，我们了解到，体内的动物精气会作用于位于脑部的小腺体，这就是导致激情最终发生的最根本因素。不过，这并不能保证我们能够正确无误地分辨出激情之间的差异，要做到这点，必须探究导致激情发生的所有因素，并对首要因素进行查验。但是，虽然某些时刻灵魂的活动会带来激情，并能确定我们要去了解的事物，有时只靠身体的天性或是大脑中倏尔闪过的印象，也能激发灵魂的激情，譬如，有时人们会无端伤感或是莫名其妙地兴奋，就属于这种情形。但是，大家很清楚，根据前面我们的讲述，那些能够促使我们的感官产生活动的事物，好像也能激发出相同的激情。本质上，导致激情

发生的最常见最根本的因素正是这些事物，所以，必须研究清楚这些事物的全部影响，才能对激情有一个全面的认识。

2. 激情对我们有哪些影响？我们该如何对它们一一进行查数？

我还另外察觉到，尽管促使感官产生反应的事物种类繁多，不过它们并不会因此诱发人体产生千差万别的激情，它们能影响到人体，通常仅仅考虑它们会伤害人们还是会帮助人们，对人们的作用是举足轻重还是无关紧要。激情对人们的影响就是促使灵魂对那些有利于人们的事物产生渴望，并说服自己将这种意志维持下去，所以，通常能让灵魂产生激情的动物精气，自然也会驱使人体产生活动，继而对那些刺激感官的事物有所期盼。为了查数它们，我们只消逐步查看那些刺激我们感官的事物的多种形式即可——它们对我们来说意义重大。因此，我按照激情能被察觉的先后顺序，要对常见的激情来一次彻底的全面调查。

3. 何为惊奇？

当我们猝然之间初次碰到哪个事物时，会断定它是一种全新的事物，或是与以往所见截然不同，或是与我们预料的有天壤之别，因此对于这种新鲜事物我们就会觉得惊奇、惶恐。并且这个东西未出现前，我们浑然不知它是否能满足我们的要求。因此，在全部的激情之中，惊奇是最常见的一类。而且，根本没有哪一种激情能够与惊奇形成对比，这是由于，假如一个东西出现在我们眼前，然而它却不存在任何能让我们惊诧的地方，那我们就会对它无动于衷，根本不会产生激情想去了解它。

4. 重视与轻慢，仁厚与狂妄，谦恭与卑鄙。

重视与轻慢总是与惊奇有关，其发生和程度皆由引起人类好奇心的事物是崇高的还是卑微的决定。每个人也会重视或轻慢自己，随之就会产生某些激情，人们也会变得或是无限包容，或是心胸狭窄，或是谦恭，或是卑鄙。

5. 敬仰与鄙视。

总有些无拘无束的东西，能催生出善，也能催生出恶。当我们器重它时，器重中就会滋生出崇拜；当我们轻看它时，轻看中就会滋生出鄙视。

6. 热爱与痛恨。

当大家还没有判断出激发上述几种激情的事物是优是劣时，这些激情就已经体现在我们身上。不过，当我们觉得出现在自己面前的事物尚且为佳，觉得它符合我们的需要时，我们就会对它心生热爱；反之，当一个出现在我们面前的事物让我们感到不舒服，或是不利于我们时，我们就会痛恨它。

7. 谈谈期望。

人们对事物进行优劣两方面的考量，也可以产生其他全部的激情。不过我想好好排列一下那些激情，因此我用时间进行了划分，一想到大家的视线都被这些激情牵向遥远的未来，而非关注当下和从前，我就决定先从期望着手。当大家对一个从未得到的宝贝心心念念，抑或是恐惧一个自己十分担心的东西时，甚至当大家祈愿美好的事物长留，丑陋的事物不要现身于世时，都或许会牵扯到它，所以，显而易见，这类激情会与未来有着千丝万缕的联系。

8. 渴望、担忧、妒忌、坦然与绝望。

为了让大家信心满怀，因此只要思虑两点即可：拥抱美丽的事物，或是规避险恶的东西。不过，当大家认为自己心仪的某种事物很可能会出现，或是很可能不会出现时，那些很可能出现的东西，就会让人们充满渴望，那些很可能不会出现的事物，就会让人担忧或是心生妒忌。期望值过高时，人就会变得无比坦然或者信心满满；反之，恐惧值到达顶点时，人们就变得无比绝望。

9. 迟疑、英勇、干脆、要强、胆怯与恐惧。

我们非常清楚，那些我们渴盼的事到底能不能出现，不由我们的意志决定，不过我们仍会对此保持期待或心怀恐惧。但是，当我们觉得或许能决定事情的走向时，在实施时还是存在着一定的难度的，比如要选择用怎样的办法去实施，践行起来也会遭受挫折。第一类难题出现时，人们往往会踌躇不决，不过这会鞭策着大家冥思苦想，然后再找出对策。第二类难题出现时，大家反而会表现得十分大胆，甚至很英勇，或是特别要强。但英勇的反面是胆怯，就像干脆的反面是胆怯或恐惧那样。

10. 谈谈懊悔。

假如人们毫不犹豫就开始贸然行动，必然会滋生懊悔的情绪。像懊悔这种激情，有别于我们之前谈到的那些激情，它不关乎未来，而只和当下与过往相关。

11. 快乐与忧愁。

当我们意识到自己能够左右一件事是好或坏的走向时，对事情积极发展的思考，会让我们变得愉悦；对事情糟糕发展的思考，会让我们感觉十分忧愁。

12. 讥笑、艳羡、同情。

不过，当他人能决定一件事的好坏时，我们就会对这些人进行揣度，看他们是否能担得起，当我们认为他们完全能够胜任，并且我们看到这样的结果也很开心时，就会有一种快乐的激情油然生于我们体内。区别仅仅在于，出发点是善的快乐，是郑重的，而出发点是恶的快乐，就总会夹杂着嘲笑与奚落。当我们认为他们无法胜任时，假如面对着一件好事，我们就会心生艳羡，如果是一件坏事，我们就会心生同情，皆是让人惆怅的类别。尤其要当心的是，这类激情和当下的善恶有关，一般也会和未来的某类善恶产生关联，大家只消提前把可能出现在未来的那些善恶呈现在眼前就好。

13. 自我陶醉与悔恨不已。

不管是现在的善恶，还是以往的善恶，大家都应该探究一下其根源。倘若某种善是由我们自己促成的，我们的内心就会十分满意，这也是激情中最令人喜悦的一类；反之，假如我们促成了某种恶，我们就会产生懊悔不已的激情，当然，这是激情当中最令人心酸的一类。

14. 满意与感激。

不过，倘若一件好事是假以他手的结果，我们就会对他们非常满意，也许他们做事的时候并没有考虑到我们的利益，但假如他们是为了帮我们才做这事，那我们除了满意外，还会对他们心怀感激。

15. 义愤填膺与怒发冲冠。

别人所做的坏事，若与我们毫无干系，那么我们只会出于正义，对他们感到愤怒，但倘若这些坏事会牵扯到我们，就会令我们怒发冲冠。

16. 荣耀与耻辱。

另外，有些美好的事物，此刻正现于或曾现于我们的身上，若能令人啧啧赞叹，就会引发我们的身体产生一种激情，叫作荣耀，反之，则能令我们羞惭不已。

17. 憎恶、惋惜与愉悦。

有些事物虽好，但倘若一直长久地出现，就会让人厌烦，甚至心生憎恶。反之，坏事绵延得过久，人们就不会一直陷于痛苦之中。世间优美的事物总是昙花一现，必然会带来一些缺憾，这些缺憾归属于痛苦一类的激情。倘若坏事能荡然无存，那么人们必会变得愉悦，愉悦归属于快乐一类的激情。

18. 为何列数激情的种类，与平时人们的认知并不一致？

上面是我认为对激情做出的最恰当的排列顺序。我知道自己所做的一切早就背离了人们以往对此的认知，不过，我这样做也是有道理的。以往人们对激情进行分类时，依靠的是对灵魂的感性方面所做出的辨别，他们觉得构成灵魂感性的有两个层面，其一是欲念的成分，其二是可令人狂躁的成分。不过我觉得并不需要对灵魂做什么划分，所以才有了上文所叙。于我而言，它们好像只能说明灵魂的作用有两种，一类可产生欲念，一类能催生愤怒。不过，灵魂也会产生诸如惊讶、热爱、渴望、恐惧等激情，而且对于其他的激情它也能逐步承受，有时还能为它们有所动作，所以，我觉得大可不必学习他们，非要把激情分为欲念和激愤两类。我也坚信，他们不会如我这般能对全部常见的激情进行归总。虽然还能对一些特殊的激情进行分类，但是激情的种类多到无法计数，因此在此我只和大家谈谈最常见的几种激情。

19. 本原的激情仅分六类。

不过，纯粹而本原的激情并没多少种。因此，我整理并汇总了全部的激情后，得到一个显而易见的结论，即它包含惊奇、热爱、憎恶、渴望、愉悦与痛苦。其中的某几种激情，完全可以重新构成其他激情，抑或是其他激情有时只是从属于其中的某一种。因为激情的种类繁多，所以为了不干扰到大家，我在此把最本原的激情分为六类。在接下来的篇幅中至于其他全部的激情是如何从这六类中衍生出来的，我会一一向大家讲解。

20. 诠释惊奇的概念及其产生的根源。

惊奇来源于灵魂突然间的讶异，彼时，往往会有些很特殊或鲜有的事物呈现，灵魂会变得十分专注，引发凝神思索。之所以产生这种激情，是由于人们的头脑中会出现关于某物的印象，这种印象会把所出现的事物判断为罕有，从而认为有凝神思索的必要。还有一种是由于动物精气的影响。大脑中对某物的印象，会促使动物精气开始剧烈活动，伴随着产生的巨大能量涌向大脑，惊奇这种激情就会被巩固被增强，于是，由于这种印象的参与，动物精气从大脑中涌向人们的部分肌肉中，肌肉的作用可以让人的感官在当下依然能控制局面。倘若惊奇是由于感官而产生的，那么借助于它们，人体的激情就能被维持在当前的状态。

21. 在惊奇这一激情中，无论是心脏还是血液，全没有丝毫改变。

也许大家忽视了一点，就是这类激情具有特殊之处：别的激情产生时，都会引起心脏与血液的某种改变，而它不会。这是因为，惊奇这种激情只触及人们对所倾慕事物的看法，并不会对事物本身进行孰优孰劣的区分。那些对身体有帮助的部分，得全部依赖心脏与血液，不过惊奇与它们毫无关系，与之有关的只有人类的大脑，而能促使人类了解某种事物的感知器官，就存储于大脑中。

22. 惊奇具有哪些能量？

惊异能让惊奇的能量变得十分充沛，即那些原先毫无预料的印象遽然发生，使得动物精气更改了运动方式。这类惊异是惊奇的独有品，就因为这点，我们可以在别的激情中也发现这类惊异。它们好像让激情的数目变得越来越多，而且差不多在另外的激情中也随处可见。换而言之，惊奇与这类激情密不可分。有两样东西能决定惊奇的能量大小，就是新奇性与开始就带有新奇能量的所有活动。这是由于我们能够确认，相较那些原本就孱弱不堪，并且只能进行少许增加，目标随时都会发生改变的活动，这类活动能产生更显著的影响。我们还可以确认，大脑中有些部位不会被轻易触碰，比起那些经常兴奋的大脑部位，它们原本就羸弱或是缺乏稳固性，一旦带有新奇性的事物波及了这些地方，由这些事物引发的行为就增强了行动效果。大家若能研究一下后面的例子，就不会感觉出乎意料：人们走路时会产生很大的压力，经过身体的分担，最后脚上感觉到的压力只剩下很小一部分，与此不同，如果用非常小的力量去触碰脚掌，尽管极其温柔，但我们还是难以承受，这是由于我们还不能对这类刺激习以为常。

23. 何为震惊？

震惊属于惊奇的一种，产生时伴随着巨大的能量，令大脑中的动物精气开始流动，涌向那些还保留着人们对所赏识事物印象的地方，有时候，它会把动物精气全推往那里，让它们尽力维系这种印象，导致动物精气丝毫不能抵达肌肉中，这样，所有的动物精气都会按照这样的轨迹运行，不会背离。这样的后果就是让人一下子如雕像一般停顿下来，人们唯一能感受到的只有此事物带来的首要印象，自然不会对此事物有更深刻的认知。这种情形就是常见的震惊，它属于极度的惊奇，从来都不会对人有益。

24. 所有的激情有何用处，又有哪些弊端？

从前面的讲述中我们可以得知，所有的激情的优点就是能让某些思想在灵魂中变得更加深入，并能长时间维持下去。假如灵魂能与这些思想联系起来，这就是件好事，但假如灵魂无法收纳它们，这些思想就会倏忽而逝。自然，所有的激情都具有一个弊端，即它们有时会把部分对人们无关紧要的思想放进来，并巩固增强这些思想，有时它们还会强调部分不值一提的事物，以引起大家的关注。

25. 惊奇有哪些特殊用途？

必须把惊奇独自列出来，它的用处就是能加强我们的认识，还会把以前我们不认识的部分事物增加到自己的印象中。能引起我们惊奇的，恐怕只有那些世间罕见或是非常奇特的事物，换而言之，我们并未曾见过这种事物，也没料到它会如此地呈现在我们面前，也可以理解成它有别于我们以往之所见，正是因为这种差异，大家觉得它十分特殊。我们会初次接受某些陌生事物所带来的理性或感性，但假如这仅仅是我们对该事物的印象，尚未被哪类激情或是人类的理性支配，也没有被人们准备尝试的那些关怀与深刻的反省在脑海中强化的话，我们记住它们的方式，不可能像惊奇的出现那样。我们绝对不可能像对待惊奇那样来加深记忆。其他激情会让人们识别到事物的优劣，而唯有惊奇才能令事物显得与众不同。当然，那些愚笨不堪的人，一般不具有这种天赋，无法获得此类激情。

26. 惊奇是如何伤人的？人们该如何修正其缺点并克制它？

不过，遇到那些稍微能引起人们探求欲望的，或是根本没有什么意义的事物时，人们却格外关注，常常会过度赞美。这其中或许就缺乏理性的参与或是理性不够。这也可以解释，为何当人刚来到世上时具有这类激情值得欣慰，是由于有了它，人类才能更好地学习科学知识，不过接下来，人类必须逃离对它的依赖。所以，想修正其缺点很容易，当意识到面对的事物需要费心思量时，人们把关注点落到反省与特别对待上即可。因为人类的意志往往令我们在反省与特别对待时带有理性。不过，必须对某些事物多进行一些了解，而且要考虑到一切可能显得特殊与罕有的事物，除此之外，没有任何手段能遏制人们过多赞美某些事物。

27. 最容易感到惊奇的，往往不是那些最愚笨或是最聪明的人。

有些反应十分缓慢或是特别愚笨的人，也许压根不会对某些事物产生惊奇，不过，这并不代表着那些最聪明的人就会轻易让自己落入惊奇中。通常，有些人虽拥有广博的学识见闻，但无法充分认清自己，深陷惊奇之中的常常是这些人。

28. 假如人们任由惊奇极度泛滥，那么它就会演变成人们的生活习惯之一。

令人惊奇的事物出现得越来越频繁，大家就不会像以前那样过度欣赏它们，会觉得以后就是再出现什么新奇的事物，也再普通不过。因此，人们在现实生活中，好像无意识中削弱了这种激情。不过，当惊奇达到上限，同时促使大家凝神一处，只会察觉到事物带来的第一印象，排斥别的认知时，久而久之，人们就会有一种惯性——即使事物只露出一点奇特，人们也会致力于它，并全神贯注。这就会导致那些比较冲动但又喜欢猎奇的人——即那些只是纯粹欣赏事物，而不想探究事物本质的人——仍会盲动如初。他们对这些事物的态度会变得越来越狂热，因此造成无论是那些事关紧要的事物，还是那些有思考价值的事物，都不会让他们倍加关注。

29. 何为爱恨？

首先，爱是灵魂的激情之一，是由某种动物精气的作用激发的，动物精气的活动让灵魂在无形中向那些可能契合的事物靠拢。恨也是灵魂的激情之一，也由某种动物精气激发，而且动物精气能让灵魂自觉地疏远那些可能伤害它的东西。爱与恨都属于人的激情，必须借助于人体，我之所以说只有动物精气才能激发它们，是不想与后面的两种情况产生混淆：其一，有些结论和我们认定的爱恨不同，虽然它们也能让灵魂下意识地靠近它自以为有益的事物，并疏远那些它自以为有害的东西；其二，从上述情形中产生的灵魂的激情，与必须凭借人体才能激发的爱与恨也有本质上的区别。

30. 潜意识地接近与尽力疏远有何含义？

我所说的"潜意识"，并不包含期待，因为期待涉及将来，与这些激情并不一样，但是"潜意识"中透着某种允诺，人们觉得能借助它靠近自己热爱的事物。因此，人们会设想有这么一个东西，非常完整，自己仅仅是其中的局部，而他们热爱的事物则是另外的局部，与自己截然不同。当产生憎恨的激情时，人们则会把自己紧紧封闭起来，彻底与自己憎恶的东西划清界限。

31. 对于占有之爱与仁爱，人们通常是如何辨识的？

对于爱，人们通常有两种认识：一种是仁爱，即人们对自己所憧憬的美好事物的热爱；一种爱却带有占有欲，即人们对自己渴盼的东西带有强烈的征服欲望。不过我以为，这两种划分并未触及其实质，仅仅是抓住其结果不放。不管是何种事物，人们只要主观上想靠近它，无形中就会产生慈爱，换而言之，即人们认为该事物和人之间有一种天然的纽带，而且是浑然天成的，常见的爱就是这样。但假如人们还处于懵懂之中，不能清醒地认识此事物，只觉得与其产生联系是件美事，那此时的爱，就是期望，这也是体现某种爱的一种常见方式。

32. 对于千差万别的各种激情，如何知晓其中爱的存在？

与之相仿，判别爱的种类，并不是由人们热爱事物的种类数量而定。这是由于，人们所拥有的激情，比如雄心勃勃的人渴望得到无上荣光，铁公鸡们渴望得到财富的垂青，酒鬼们梦想着永远浸在酒里，举止彬彬有礼的男人无比温存地对待自己的朋友与恋人，有责任的父亲想方设法去疼爱自己的孩子，都会迥然有别。不过它们都有共同点，都建立在爱的激情之上。但是，在前四类激情中，爱只是为了得到自己渴望的某种事物，完全不顾及这些事物本身，对于它们，充其量不过是拥有掺杂着别的某种强烈渴求的激情罢了。与此不同，一个真正疼爱孩子的父亲，那种爱是最真挚的，他从不奢求孩子的回报，也从未想过能够控制他们，更不会刻意在乎和孩子之间的亲疏关系。一般情况下，他将孩子视为另一个自己，如同爱惜自己那样，乃至以更多的牺牲去成全他们。所以，在他眼中，孩子与他是不分优劣、不可分割的，平时，他心里牵挂的都是孩子，胜于考虑自己，从不担心会因为照料他们会导致自己出现什么损失。那些举止文明的人对待他们的朋友亦是如此，虽然世上这样纯真的情感微乎其微，这些人对自己恋人的感情中，自然也含有大量的爱，不过，恋人之间的爱，也许还会掺杂着部分别的因素。

33. 区分浅淡之爱、友情之爱与虔诚之爱。

我通常会把对酷爱之物的爱同对自己的爱做个比较，然后就有所依据去划分爱的种类。当一个人对某物的爱远远不及对自己时，那就是浅淡之爱；当人们如爱自己那样去对待某物，那就是友情之爱；当人们爱某物胜过爱自己许多时，这种激情就演变成虔诚之爱了。所以，人们可能钟爱某朵花，喜欢某只鸟，怜爱某匹马。不过，只要不是癫狂，人们只有对某些人能够拥有某种友情之爱。被爱着的人儿，只要我们觉得他们也爱着我们，而且能感觉到自己的高尚与仁爱，哪怕他们有什么缺陷，我们也不会在意，也不会因此感觉与他们的友情之爱并不圆满（我会在后文的第三部分第6条和第8条加以解说）。能拥有虔诚之爱的，恐怕大家都会不约而同地想到神灵。不过，对我们的君王和国家，还有自己所居住的城镇，乃至对某个非常特殊的人，我们也会产生这种虔诚之爱，前提是我们认为其比我们自身更为重要。这三种爱的不同之处在于效用。在这三种爱的激情中，人们都会把自己与热爱的对象融为一体，时刻准备着牺牲某一个最小的环节，以让其他环节得以保留。在浅淡之爱中，人们爱自己胜过爱某物，但是，在虔诚之爱中，却正好反了过来，致使人们舍生忘死，为了维护自己所爱之物，连命都可以不要。历史上这样的事例屡见不鲜，很多人为了捍卫自己的君王，或保卫所居住的城镇，或者为了某个他们誓死效忠的人，往往愿意抛头颅赴死。

34. 恨与爱类别多样，但数量并不相同。

尽管恨与爱是相反的一对，不过我们无法如对爱那样把恨也划分出相同的类别，这是由于，在那些人们特意与之疏远的有害事物中，我们完全做不到像给那些千方百计想去靠近的喜爱之物那样分出同样的类别。

35. 赏识与憎恶。

我只找到仅有的一种办法来把热爱与痛恨分开。无论是热爱，还是痛恨，刺激它们产生的事物，有的要借助部分人的外感官，才能吸引灵魂的注意，有的要借助人的内部感官与理性分析，才能让灵魂察觉到。所以，人们通常借助于内部感官与理性分析，对事物进行好坏之分，主要看它们是否符合人的天性。不过，有时人们也会借助于以视觉为主的外感官（一般人们认为视觉较之别的感官更为重要），来对事物做出美丽或丑恶的评判。因此，爱可分为两类，一类是对让人感觉满足的事物的爱，一类是对外表美丽的事物的爱。通常后一类亦被称为赏识，如此一来，就能和其他爱的激情区分开，也能与"期望"这种也被称为爱的激情区分开。于是，恨也会出现两种类别，一类与使人不满意的事物相关，一类与外表难看的事物相关。后一类恨，就是通常所指的抵触或憎恶，这样就能将它区别于其他类型的恨。不过，这些有关赏识或憎恶的激情，比任何别的类型的爱恨都更具有震撼力，这是由于利用感官让灵魂捕捉到的激情，较之借助于理性而呈现出来的激情，更能震撼灵魂。一般情况下，它们对现实的反映与现实存在出入，所以，必须格外当心这两类激情，因为它们更容易迷惑大家。

36. 何为渴望？

渴望属于灵魂的一种兴奋，由某些动物精气的活动刺激产生，这些动物精气让灵魂产生期待，幻想在将来能具有某些有益于自己的东西。不过，人们渴望的既有现在所匮乏的美好事物，也有当下美好的事物。另外，人们还渴望祛除一切不利因素，无论是曾经遭遇过的，还是人们断定之后会遭遇到的。

37. 没有什么可以与这种激情对峙。

犹记得经院哲学中，习惯把能促使人憧憬未来的激情命名为渴望，而有一类激情总让人下意识地疏远那些有害的事物，它被命名为憎恶，二者常被用来比较。不过，通常不具备如下情形：与那些美丽的事物失之交臂，算不得不好的事；摒弃一个口碑极其恶劣的事物，算不上善。而我们遇到的事情常常是这样的情形，想要富裕，就得防止贫困，想要不生病，大家就要强身健体……根据这些我觉得，追求好的一面，与此同时也要预防坏的一面，这是一码事。我在此点明的只是一种区别，每当人们向往美好之物时，人的渴望就与自身爱的激情交融起来，继而会萌发期待或是愉悦；反之，每当人们疏远一个丑恶的事物时，人的渴望就与痛恨、恐惧或是悲哀的情感杂糅在一起，这是由于人们已经断定此物完全背离了自己的天性。不过，若是在同一事物上面，人们能发现自己所向往的美好，还察觉到它具有自己所憎恶的丑恶一面时，只要诚心继续研究它，就能十分清楚地察觉到，在根本上影响人们的，其实只是某一种激情。

38. 如何对渴望进行类别的划分？

我认为这样划分渴望较为恰当些：人们憧憬之物的数量有多少，人们能滋生的渴望的类别就有多少。譬如好奇，是有关认识的渴望，和向往无上光荣大有区别，向往无上光荣与报仇雪恨的渴望又迥然不同……不过，大家能了解到爱与恨的数量有多少，渴望的类别就有多少即可，由于赏识与憎恶激起的激情作用最明显，所以大家必须优先进行思考。

39. 哪些渴望来自憎恶？

虽然我们讨论过，让人们趋吉、避凶的渴望是同一种，不过，来自赏识的渴望与来自憎恶的渴望断然不可等量齐观。这是由于，赏识与憎恶虽然是矛盾的一对，但与那些能导致事物滋生渴望的美丑不是一码事，它们只是灵魂兴奋时滋生的两类情绪，可以促使灵魂追向截然不同的两个事物。换而言之，憎恶的实质是这样的，它会让灵魂毫不设防，陡然升起一种世界末日般的恐怖感觉。所以，往往不过是接触到某种小虫，或听到风动树叶的声响，或察觉到地上树木的沉暗投影，人们都会心生憎恶，并一下子就会察觉到自己变得异样，好像面临着一种世界末日般的恐怖。于是，人们的灵魂会变得相当兴奋，不由自主地促使自己想方设法逃离眼前的可怕局面。这类激情，一般被称为逃避或憎恶。

40. 哪些渴望来自赏识？

赏识与憎恶不一样，它有种特质，就是能让人变得无比愉悦，是一种人们对一切美妙之物所激起的愉悦中所占比重最多的爱的激情，由此让人们对美妙之物心生渴望，恨不得立刻将其据为己有。赏识的种类的确千差万别，并且，由此激起的各种渴望的震撼力也有大有小。譬如，艳丽的花朵会吸引人们持续观赏，水果的芳香会让人垂涎欲滴。但是，最能引起人们赏识的还是某些完美无瑕的事物，人们会假想出另一个自己，将这些事物投映到其身上。拥有智慧的人类，与那些不会思考的动物，都具有天生的雌雄之分。同样，人们的头脑中也会拥有一些与生俱来的东西，随着年龄的增长与时间的流逝，随时会发现自己的缺陷。仿佛把整个世界平均地一分为二，自己站在同性别的这边，异性的全站在另一边。所以，如果能找到合适的异性，简直就是理想中最大的幸福。虽然大家可能同时面对着好几个异性，却不愿意一直面对着同样的人群，是人类天生的本能，让他们不会一下子同时考虑到更多的异性。不过，当某人身上的某种特质一下子吸引住他时，其他人身上的一切顿时都会索然无趣，于是他就朝着这人不由自主地靠拢过去。这种自然的靠近，属于天生的本能，会令人义无反顾地去寻求世上所有天然完美的事物。与前面讨论过的几种爱的激情比较，后面这种是由赏识或渴望产生，一般大家喜欢称它为爱。它的影响也绝不可小觑，创作诗歌与小说的作家们，常常从它那里汲取创作灵感。

41. 如何阐释愉悦？

愉悦是灵魂舒适时体现出的情绪，是兴奋的一种，这种喜悦来自那些完美的事物，人的大脑汇聚了那些事物的印象，并呈现给灵魂。我认为，愉悦是由于人们受到优美事物的感染而产生的。依据是，被灵魂认可的事物，其实只有灵魂中已有的完美的部分，当它们再也不能令灵魂产生愉悦时，人们就认为它已经厌倦了它们，仿佛它们并未曾被它持有过一样。除此之外，我认为优美的事物由人的大脑当作己物呈现给灵魂，是因为怕人们出现偏差，不能把这种来自激情的兴奋与那些单纯的理性的兴奋区分开。我们认为，单纯的理性的兴奋，要想进到灵魂里去，只能凭借灵魂的运动，所以我们可以把它理解成一种发自灵魂的，可以让灵魂自己愉悦的情感，这种情感由灵魂从那些优美的事物中获得，理性默认了这些东西就是自己的，然后才会呈现在灵魂面前。确实，当人的身体与灵魂交融在一起时，这种纯粹的理性的兴奋差不多就会与那些来自激情的兴奋不离左右。所以，当人们的理性发现已具有了某种完美之物时，哪怕它们与呈现出来的有天渊之别，乃至让人感觉有些不可思议，那么依靠联想也会给大脑留下某种印象。接下来，脑中的动物精气就开始迅速活动，由此引起灵魂产生愉悦的激情。

42. 何为痛苦？

痛苦是一种哀伤，让人苦闷；同时也是一种不适，这种不适来自灵魂，某些坏事或是事物的不足部分，由大脑以印象的形式呈现给灵魂，并让灵魂认为这是来自它们的一部分。自然，有一类理性的哀伤也同存于此，它不属于激情，但总会有一类激情随行在它左右。

43. 是什么激发了这两类激情？

在灵魂中有一类激情会伴随着理性的愉悦或痛苦产生，原因很简单，在它们的概念中就能发现：当人们有了一些美妙之物后，就会变得愉悦；反之，从某些人觉得某物丑陋或带有缺点的思想中，往往会滋生出痛苦。不过，更为多见的情形是，人们能意识到自己的愉悦或痛苦，却不知它们从何而来。也可以这么理解，当灵魂缺席时，那些善与恶也会在大脑中留下印象，虽然这些印象仅仅与人体有关，又或者即使它们偶尔也会与灵魂产生联系，但是灵魂视它们为别物，还会与脑中已有的关于善恶的印象产生关联，于是就会出现上述结果。

44. 那些只与人体相关的善与恶，如何刺激出上述的激情？何为快乐？何为悲伤？

自然，当人的身体十分健康，而恰逢天气格外明朗时，人自己就会感觉十分快乐，这种快乐不出自任何一种理性行为，不过是动物精气的活动让大脑产生部分印象罢了。而当人们身体不舒服时，就会莫名伤感，大概他自己也不晓得为何会这样。因此让人们感到快乐的，就来自愉悦的激情；反之，让人悲伤的情绪，则来自痛苦的激情。然而不少人并不知晓如何去辨别它们。其实，它们的差别是一目了然的，因此人们即便知道自己必定难受，也能开心地面对，即便知道自己会快乐，但还是会悲伤。之所以会让人们产生快乐与惬意，总有些缘由：人的神经组织，会由于某些感知到的事物的刺激而开始产生活动（当人的神经还十分脆弱，无法与莽撞的刺激匹敌时，或是人的身体不能全力配合时，莽撞的刺激会让神经活动伤害到神经），于是在大脑中构成某种印象，这等于向灵魂证明：身体此时完好无损，能量充足。因为灵魂和身体浑然一体，因此灵魂也会获得某种暗示——它此时具有最完美的姿态，于是人们的灵魂中就产生了愉悦的激情。差不多与此类似，如果仅仅是舞台上出现了一些异于平常的表演将人们吸引住时，或是无论如何也不会不利于大家，且能感染到灵魂的东西生发出令人舒畅的感觉时，由灵魂的激情所引发的一切情绪，人们必然心甘情愿地接受，哪怕会带来痛苦或怨恨。一般难过之所以会引起人们悲伤，是因为这种情绪的撞击过于猛烈，以致它的活动会伤害到人们的神经。因此，这无疑让灵魂面对着如此的局面：因为悲伤，导致身体在一定程度上受损，变得赢弱不堪，无法与之抗衡。于是，就会让灵魂认为这种活动与身体呈现出的赢弱都很糟糕，从而让灵魂感到不适，不过，它们吸引一些比自身更为重要的东西的情形除外。

45. 这些激情是如何被那些与它们有关联而又极易被灵魂忽略的善与恶激发出来的？为何人们敢于应对挫折或是追忆痛苦的往事时却能感觉到愉悦？

年轻人总是喜欢挑战某些高难之事，当他们深陷险境时，他们并不奢求从中获益或声名大振，也不求获得愉悦，之所以如此，是基于这样的想法：他们觉得自己所做的并非易事，这种观点会在大脑中构成某种印象。他们觉得只有勇于冒险，才能让自己变得特别有志气，特别走运，特别聪明，或能量十足，假如这些与他们之前由经历造成的印象融合起来，就能令他们感到某种愉悦。尽管年轻时厄运连连，但是当老年追忆时，人们却会十分知足，之所以会如此，是因为人们认为自己遭逢不幸却能大难不死，就非常幸运。

46. 动物精气与血液的活动如何激发出以上五类激情[1]？

我前面阐述的这五类激情，彼此之间关系密切或相互敌对，对它们进行统一观察，会比单独进行查看更简单易行，在对惊奇进行探讨时，我就是这样操作的。与惊奇不同的是，导致这些激情产生的因素除了大脑之外，还有心、肝、脾，以及其他能造出血与动物精气的人体部位。这是由于，虽然血管会把自己运送的血液输送给心脏，但偶有部分血管里的血液会被更强劲的力量催动，当它们流进心脏中时，心脏中的孔道就愈加扩张，当它们远离心脏时，心脏中的孔道就变得愈加窄小。

47. 有些经历有助于人们理解有关爱的激情的常见活动。

不一样的激情会不同程度地刺激到人们的灵魂，凭借以往的经验，人们能察觉到自己身上的各种转变。我发现，在所有激情中，当单独出现一种爱的激情，而没有别的激情伴随时，比如渴望、伤感或极度的愉悦等激情不与它一起出现时，人的脉动是比较均衡的，但比平静的时候要搏动得更加强劲，这时人们就会觉得心中特别温暖，甚至连食物的分解吸收也变得异常迅速，所以，此类爱的激情有益于健康。

---

[1] 五类激情是指热爱、憎恨、渴望、愉悦、痛苦。

48. 产生憎恶的激情时，人体会出现何种反应？

　　我发觉与上面不同的是，产生憎恶的激情时，人的脉搏会产生波动，变得稍微虚弱，一般跳动的频率会加快，人会因而发冷，其中掺杂着某种说不清道不明的能量，令人十分难受，进而影响到人的胸部，甚至人的胃也开始罢工，常见的反应就是刚吃进去的食物想要呕出来，胃部想要整个翻过来一样。有时，进食后却难以吸收，食物最终变成对身体不利的汁液。

49. 愉悦时人体的反应。

　　人愉悦时，脉象是平稳的，脉搏跳得较平时要快些，不过比不上爱的激情产生时的脉搏强劲有力。此时，会有股热浪在翻滚，这热浪不会一直停留在人的胸部，由于人体中的血液会流动，热浪也会随之移动，慢慢抵达人体的表层（人们能观察到这种流动）。不过，人有时不会感觉到饥饿，这是因为此时人体对于食物的吸收也缓慢了些。

50. 痛苦时人体的反应。

　　人们如果感觉痛苦，脉搏就会跳得微弱而缓慢，似乎有什么紧紧缠绕着心脏，让它紧紧收缩，仿佛有寒凉之物让它的温度一下子降了下来，自然，这种寒凉也会蔓延到身体别的部位。在这段时间内，倘若恨的激情不来掺和，那么人们就会对食物充满渴望，并且胃口极好。

51. 渴望时人体的反应。

这种激情产生时的情况有些特别，心脏所受到的撞击会比任何一种激情带来的撞击更为强烈：大量的动物精气涌向大脑，通过大脑中的孔道，进而渗到肌肉里，从而人的每个感官都会空前灵敏，人体各处也会异常兴奋。

52. 产生爱的激情时，人体中的血液与动物精气是如何运动的？

经过上述调查，以及那些需要长篇累牍才能叙述完的经历，我明白了一点：当人们十分理性地面对自己喜爱的事物时，这种思想会让大脑产生关于此物的印象，在该印象的带动下，某些动物精气就被诱导着经过运动神经（第六对脑神经），聚拢到胃肠这些器官的肌肉中，促使被消化后的食物汁液变成鲜血，然后，鲜血一路快速行进，经过人的肝脏，径直奔向心脏的位置。并且相比其他身体部位的血液，这些血液更具有撞击性，因而大量的鲜血簇拥着进入心脏，在心脏中掀起更大的热浪，比起那些从心脏中进出多次并被分离过的血液，这些鲜血显得更为磅礴。动物精气被它们推送进大脑，并在大脑中变得分量十足，异常活泼。由此，经过大脑思虑后形成的有关该事物的美好印象得以强化，灵魂也会久久驻留于此。于是，就萌生了有关爱的激情。

53. 产生憎恶的激情时，人体中的血液与动物精气是如何活动的？

与上述情况正好相对，憎恶时，人们对反感的事物产生的第一念头，会指引着动物精气从大脑中向着胃肠部位的肌肉中流动，那些肌肉开始紧绷，使得血液进出肌肉的入口缩紧，食物消化而成的汁液就无法进入血液中；这第一念头也会指引脑中的动物精气开始流泻，赶往脾脏和肝脏中（一般是贮存胆汁的肝脏下方）的部分神经中，因而有些平时回流到此的血液，以此为起点再次上路，腔静脉中的血液也与它们一道奔往心脏。但是各处血液的温度并不平均，从脾脏而来的血液无论是温度还是稀化程度都没怎么变化，而肝脏下方的血液却迅速升温并急剧稀化。与此同时，有些动物精气内部也不均衡，却再次涌进大脑，导致它们的运动非比寻常，脑中先前就有的对事物憎恶的印象被它们再次加深，灵魂也因为它们的作用而产生某些苦涩悲伤的情绪。

54. 产生愉悦的激情时，身体中的血液与动物精气是如何活动的？

当人愉悦时，和身体别处的神经相比，位于肝、脾、胃、肠等处的神经并不会运动得格外猛烈。尤其是心脏入口周围的神经，会将入口扩大，这时会有另外的部分神经促使更为丰沛的血液从静脉中抵达心脏，之后会再次涌出去。由于这些血液在动脉与静脉之间穿梭了好多次，所以无形中变得无比强盛，并且催生了部分动物精气。其中有些动物精气分布得匀称而细密，能够制造并加强部分大脑印象。这些印象就会将某些愉悦而淡定的想法展现给灵魂。

55.产生悲伤的激情时，体内的血液与动物精气是如何活动的？

与上述不同，人难过时，环绕在心脏入口周围的那些微小神经会使开口急遽收拢，但一点不会影响到流淌在静脉中的那些血液，所以，流进心脏中的血液寥寥无几。同时，食物经过肠胃消化后形成的汁液进入肝脏的道路并没受阻，这也可以解释为何人难过时不会影响到他对食物的向往，不过难过与憎恶两种激情搅和在一起时（二者混为一体的情形较为多见），憎恶会使人的消化功能变差，并且使人毫无食欲。

56.产生渴望的激情时，体内的血液与动物精气是如何活动的？

我最终来谈谈渴望的激情，常见如下情形：只要人们产生某种欲念，想要获取某样美好的事物或是避开某种有害的事物时，就会借助于动物精气来进行，把它们从大脑中输送到有关的身体组织中，心脏还有一些身体器官（能够把血液源源不断地送来）在此显得尤为重要。这样，心脏的获血量较平时会激增，从而，心脏向大脑运送的动物精气也会越来越多，人的欲念在大脑中被不断地巩固与加强，同时，那些动物精气涌进的身体部位，都能更有效地帮助人们实现自己的愿望。

57. 产生爱的激情时，体内的血液与动物精气活动的原理。

回顾前面所讲的内容，我来探究一下起因。人的灵魂与肉体间有种奇妙的联系，当我们把某种身体运动与某种精神运动进行联系时，就会出现这样的情况：其中一方若不呈现出来时，我们也别想看到另一方出现。举个例子，有些人患病期间虽然十分憎恶喝药水，但又不得不喝，他们恢复健康后，只要是接触到类似的味道，他们就会再次表现得十分憎恶。他们只要一想到这种不愉快的经历，就会在脑中唤醒对药水的那种感觉。好像刚把灵魂与肉体联系起来的时候，灵魂中就具有某些天然的激情，它们发生的状况大致如此：在某些特殊的情形下，有些血液或者是别的什么汁液被输送进心脏中，成为比之前的养料更适合心脏的养料成分，能够为心脏提供承载生命所必需的热能；灵魂也会感知到这点，并特意与它们产生联系，也可以理解成灵魂喜欢上了它们；这些养料成分得经过一些身体器官才能到达心脏，而同一时间，大脑中的动物精气会输送到身体的一些肌肉中，充满精气的肌肉会对输送心脏养料路径上的所有人体部位施压，使其产生反应，从而保证它们可以更好地为心脏服务；它们既包含胃、肠器官，能令人食欲大增，还包含肝或是肺，因为有些隔膜肌也会对它们产生作用。由此可以证明，通常这类动物精气刚开始活动时，就会有爱的激情出现。

58. 产生恨的激情时，体内的血液与动物精气活动的原理。

不过某些时候，心脏中也会流入某些特殊的汁液，必须清楚，它们并不能对维护心脏中的热能起到良好的作用，反之有时还会扑灭这些能量之火，因此，有部分动物精气从心脏涌入大脑后，灵魂中就会有一种关于恨的激情被激发出来。并且，这部分动物精气还会从大脑涌向身体各部位的神经，从而促使血液从肝脾的微小静脉里向心脏流去，把那些会伤害人体的特殊汁液阻隔在外。并且，身体上部分神经中会有动物精气流入，进而促使那些特殊汁液返回肠胃之中，或是引起胃的不适，将汁液吐出。所以，只要有恨的激情存在，就会一直重复着这样的活动。肉眼就能看到，肝脏中有着一些静脉与管子，比较粗大，因此那些食物的汁液就以此为通道，从静脉中流到腔静脉，最后抵达心脏。整个进程中，它们不会在肝脏中滞留。肝脏中还有着其他不可计数的静脉与管子，脾脏中也是如此，它们的管径都相对狭窄些，因此那些经过消化的食物汁液可以在此短暂逗留。而且，它们之中经常储存着部分血液（脾脏中亦是如此），不过这些血液的质地比身体别处的更加粗粝。因此，当胃肠不适的时候，它们就可以滋补心脏，来充当心脏能量的原材料。

59. 产生愉悦的激情时，体内的血液与动物精气活动的原理。

也会有这样的情况出现，从生命伊始起，静脉中的血就完全可以维持心脏里面的热能，它们源源不断，心脏就不必去别处汲取养料。灵魂会因此变得十分兴奋，较之以往，心脏的入口也会因此扩张而变得更为宽阔；大脑中的动物精气磅礴地涌出，它们不只是进入那些扩张心脏入口的神经中，还会涌到别的可以支持静脉中的血回到心脏的神经中，以保证肝脾、胃肠里的鲜血不会进入心脏。通常这些活动出现时，就会产生愉悦的激情。

60. 产生痛苦的激情时，体内的血液与动物精气活动的原理。

与前者不同，人体一旦养分匮乏，灵魂就会产生本能的痛苦，一种暂时还没与憎恶扯上关系的痛苦。这就会导致心脏的入口紧缩变窄，只能容许极少量的血液通过，它们很多都是从脾脏而来。脾脏作为身体的最后一个给养点，当身体别处不能满足心脏能量原料的充分供应时，它就会马上增援心脏。因此可以解释，当心脏入口缩小，脾脏中的血液正流向心脏时，随着体内动物精气与神经的活动，痛苦的激情就会油然而生。

61. 产生渴望的激情时，体内的血液与动物精气活动的原理。

灵魂刚与肉体产生关联时，就有种本能的期待，要容纳所有适合它的事物，而摒弃那些不利的部分。这就造成一定结果：从那以后，动物精气就会竭尽所能去开启身上全部的肌肉与感官。当灵魂对某物产生期待时，整个身体变得比之前无渴求时更为敏锐，于是就与当下的运动方式相吻合。一旦身体如此这般万事俱备了，灵魂中的那种期待就来得愈发热烈与迫切了。

62. 激情产生时，身体会出现哪些外部特征？

我列举如此多的事例，大家应该已能明白脉搏为什么会引起人体产生如此多的变化，还有我在前面阐释的这些激情各自形成的原因，所以不必在此继续进行阐释了。不过，我只是谈到自己所察觉到的每种激情的状况，以及激发出那些激情的血液与动物精气的活动状况，以此对大家进行引导。因此，对于这些激情产生时同时出现的不少外部特征，我还有必要继续深入研究。你们必须明白，这些激情平时是结伴出现的，所以不能像它们单独出现时表现得那么明显。这些外部特征一般表现为人们面部与眼睛的变化，面色的改变，整个身体的颤抖，神色的萎靡，眩晕，喜怒哀乐，等等。

63. 面部与眼睛的变化。

　　眼睛可以把每一种激情都呈现出来，有时一些激情能让眼睛产生鲜明的变化，从主子的眼神中，即使是最呆傻的仆人也会知道主人对自己的态度如何。不过，虽然人们能轻易捕捉到眼睛的变化，并洞悉其示意，但若是要把这一变化阐述出来，那就相当难了。眼睛的每个动作中，都会包含着好几重变化，眼神的改变，对应着不同的变化，这些变化都有鲜明的特征，并且十分微妙，因此，我们无法轻易察觉到它们中的某一个，虽然它们同时出现的时候，我们能轻易地捕捉到。这些激情产生时，面部也会发生类似的改变。从面部肌肉的变化幅度上来看，也许会稍微大些，不过别试图把它们辨别分明，因为这极不容易。人的面部表情并不存在着大的区别，以致某些人哭时的模样竟雷同于某些人笑时的模样。的确，有时人的面部会出现一些十分鲜明的特征，例如，人恼怒时，额头的皱纹就会拧在一起，以传达自己的情绪，人的口鼻在愤怒或讥笑时，也会翕动，不过这些并不全是本能，更好似主观上的动作。无论是面部还是眼睛，灵魂都能修正它们的行为。譬如，人其实非常兴奋，却千方百计对此进行掩饰，故意装出一副冷漠的模样。所以，借助于面部与眼睛的运动，人们确实可以表情达意，但也能进行情绪上的伪装。

64. 面色的变化。

人们想要抑制被某种激情激起的面色潮红或面色苍白是十分困难的。这是由于，这些行为并不由神经与肌肉左右，与我们刚讨论过的有所区别。上述变化始于心脏，也可以说这些激情产生的根源就是心脏，一切改变的发生，都是因为心脏源源不断地输出了鲜血与动物精气。能够肯定的是，只有血液的运动能导致面部变色，血液一直按照心脏—动脉—静脉的运动轨迹运行，然后静脉中的血液又重新回到心脏。有不少狭小的静脉通向人的面部，最终是面色大变还是稍微异样，取决于进入静脉中的血液量有多少。

65. 为何人兴奋时面色潮红？

产生愉悦的激情时，心脏的入口会尽情张开，这种激情会推动着血液涌进全身的静脉中，血液也会随着温度升高而变得质地十分细腻，轻轻松松就充盈整个面部，人看起来也就分外兴奋与愉悦。这种愉悦的激情令脸色发生改变，变得容光焕发或是面色潮红。

66. 为何人痛苦时会面无血色？

产生痛苦的激情时，心脏的入口会急遽收缩，进入静脉中的血流速度会变得相当迟缓，造成血液又稠又凉，体积缩小。如此一来，靠近心脏周围的稍大点的静脉中，就会有血液回流，因此血液并不能到达更远的地方，比如面部，所以由于血液的匮乏，面部会开始惨白，并随之失去光彩。一般人们在痛苦到极点或痛苦来得猝不及防时，如同我们在恐惧中察觉到的那般，灵魂的急遽战栗会令心脏马上收缩，人们也会随之面无血色。

67. 为何人痛苦时脸色也会泛红？

很奇怪，一般情况下，人们痛苦时的脸色不但不会惨白，还会变得通红。这是因为，伴随着痛苦，往往还会产生其他激情，比如热爱或渴望，抑或是憎恶。受到这些激情的刺激，位于人的肝脏、肠胃或是其他部位的血液，会温度上升，向心脏流去，然后流经人体的大动脉进入面部的静脉中，而心脏的收缩，虽然能抑制心脏部分孔道中的痛苦情绪，但并不能阻止这些血液的流动，不过，痛苦到极点的情形除外。当人产生热爱、渴望、憎恶的激情时，会促使身体别处静脉中的血液涌到面部。哪怕此时只是淡淡的忧伤，激情想让这些血液不再返回心脏中也是轻而易举。因此我们就可理解为何痛苦时脸会红，甚至比起兴奋时还要厉害些，这是由于血流得愈加迟缓，血的色泽就愈加鲜艳，并且由于心脏入口张开得越大，面部静脉中的血液就会越来越多。人羞愧时的情形大致也是如此。羞愧是由欣赏自我与自我遭受阻碍后迫切想要规避的心理汇合而成，由此引起体内的血液先涌入心脏，从心脏出来后再流往大动脉，最后才来到面部。与此同时，某种淡淡的伤感会一路同行，可保证血液不能随随便便再回到心脏中。人们痛哭时亦是如此，绝大多数的泪水是由爱恨两种交织在一起的激情导致的，在以后的内容中我仍会提到。人发怒的情形亦类似，人只要一发怒，就会突然滋生出一种报复的心理，同时也会交织着热爱、仇恨、痛苦等激情。

68. 谈谈战栗。

可能有两个因素会导致战栗的出现。其一，大脑中只有微乎其微的动物精气进入；其二，过量的动物精气涌入大脑中。按照我在第一部分第 11 条中所说的，由大脑输送到神经中的动物精气，目的在于把肌肉中的部分孔道阻塞起来，然后推动身体赶紧有所作为。当人们恐惧悲伤时，第一类情形出现，就像遇到了冷空气，人会浑身颤抖。此时的这些激情，使血液如同被冻住，导致血液黏稠，在接下来的运行中，就没有充足的动物精气输送给大脑。第二类情形一般在人们对某个事物充满热烈期待或由于恼怒而变得异常亢奋时会出现，就类似醉酒的人被酒精充溢着。两类激情的作用使得大脑中忽然间涌进无数的动物精气，而不是如以往那样有条不紊地从大脑中涌入肌肉中。

69. 谈谈萎靡不振。

在四肢和躯体中，人们都能察觉到自身萎靡不振的情况，此时全身肌肉放松，并未做运动。它也是涌入大脑的动物精气数量匮乏造成的结果，尽管与战栗相似，不过形式上有些区别。小腺体试图刺激动物精气进入一些肌肉中，然而由于动物精气数量有限，不能完成它的计划，于是就产生了战栗；而萎靡不振时，却是由于小腺体无法断定在两部分肌肉中到底该让动物精气涌进哪一部分中去。

70. 爱与渴望的激情如何诱发了萎靡不振的状态？

爱的激情一般最易造成萎靡的状态，明知无望获取某物却对其充满狂热的期待时，便会出现这种情况。这是由于，爱的激情让灵魂专注于所爱的事物本身，因此大脑中的动物精气全都在给灵魂全力呈现该事物的印象，并中断所有与此无关的小腺体的运动。谈到渴望，我一直认为它有种特性，可以让人体变得更加活泼，但前提是人们必须清楚，眼下要借助什么手段才能获取此物。只有如此，方可成立。这是由于，倘若人们以为自己压根就不能为它进行有益的奉献，那么渴望的激情就仅会在大脑活跃，而完全不能抵达神经。故而，因为动物精气全都在为强化脑中那个所爱之物的印象服务，所以身体别处的动物精气就开始萎靡不振。

71. 其他的激情也能诱发萎靡不振的状态。

爱、恨、悲伤、愉悦，当这些激情程度比较高时，也会让人变得萎靡不振。这些激情促使灵魂一直处于忙碌中，思索与之有关的事物，尤其是当人们意识到眼下得到某物毫无希望时，就会产生无比的渴望，并与上面的那些激情交汇在一起。不过，由于大家一直在琢磨那些他们能随意靠近的事物，而不是那些不能抓住的或其他的事物，并且萎靡不振的状态不与惊讶有任何联系，它的产生需要一个过程，所以人们在爱的激情中，比在别处更常遇到这种萎靡不振的激情。

72. 谈谈昏迷。

昏迷常距离鬼门关很近，只要心脏中的能量之火消耗殆尽，人就失去了生命。不过当人陷入昏迷时，身上还会存有一些热能，等人们苏醒后，生命就会持续下去，因此人们只是暂时休克。然而有时人抱恙时，也时常会昏厥过去。我们发现，在谈论过的所有激情中，能导致人昏厥的仅有到极点的兴奋。我确信之所以会导致这种情形出现，是由于这种兴奋会以自己的方式促使心脏的入口打开，引导静脉血须臾之间涌进心脏中，如果里面的能量在短时间内无法将它们稀化，血液就会作用到静脉口周围的微小皮层，从而把静脉口堵住。就这样，生命之火停止了燃烧，但是若能保证血液正常地输入心脏，生命通常还能维持下去。

73. 为何人们痛苦时不会昏迷？

也许会有某种猝然而至的巨大痛苦能让心脏的入口猛然间紧缩，导致生命完结，不过，大家并没遇到过这样的事，若是遇到，也绝对是意外。我坚定地认为，即使心脏入口完全被堵塞住，里面也会存有部分血液，绝对能保证供给生命维持下去所需要耗费的热能。

74. 谈谈笑。

从右心室中流出来的血液进入肺动脉中，促使肺部急剧地多次扩张，挤压肺里的空气使之通过咽喉冒出来，咽喉中会产生某种不甚清楚却又高亢的响声。随着肺的扩张运动，里面的空气全都涌了出来，向着与其密切关联的咽部、胸部，还有声带周围的肌肉撞击过去，因此，连接着这些肌肉的面部肌肉就开始运动，一边是不甚清楚却又高亢的响声，一边是面部的各种运动，于是形成了人们口中的"笑"。

75. 为何兴奋到极点，人反而不会笑？

虽然笑是人兴奋时的一种常见状态，不过若想让人愉悦，就得同时伴随着惊讶或憎恨的某种激情，这时人们才会露出笑容。人们凭着阅历知道，当人痛苦时，没有什么能随便惹人发笑，同样，当人兴奋到极点时，也常常不会发笑。这是因为，当人们兴奋到极点时，肺部总是被血液充盈得满满的，因此，它不可能反复地扩张。

76. 为何会产生笑？

我留意到，只有两种情形能造成肺部的急遽扩张。一种是人们惊讶时，伴随着兴奋的产生，片刻之间就会促使心脏入口张开，于是，无数的血液就会从腔静脉中流入心脏的右心室，并且变得稀薄，再从心脏流经肺动脉，从而让肺部膨大起来。另一种是由于掺入了某种液体，血液变得更加稀薄。对此，我察觉到在脾脏中，血液的运行会伴随着淡淡的怨恨与惊讶的激情，血液会被驱使着进入心脏，与此同时，还有无数从其他身体器官被兴奋的激情推动进来的血液，二者合二为一，变得更加活泼，让血管中的血液体积瞬间增大。与这样的情形非常类似，在器皿中装入特别的某种液体，然后加入少许醋，里面的液体就会立刻膨大。血液经过脾脏后，也有的会变得异常活泼，和醋性质非常相似。凭着以往的经历我们能发现，在能引起肺部运动从而让人发笑的所有成分中，一向都有着淡淡的怨恨情绪，或者最起码也有惊讶的成分。脾脏患有疾病的人，不但自己很容易多愁善感，并且更容易被逗笑，常常会忍不住开怀大笑。从脾脏流进心脏中的血液分为两类：一类粗犷并且特别浓稠，会令人产生痛苦；一类细腻并且十分稀释，能令人发笑。一般常会发生乐极生悲的情况，这是由于从脾脏进入心脏的那些最活泼的血液早就用完了，取而代之的是一些相对粗粝的血液。

77. 人激愤时为何会发笑？

人激愤时发出的笑声，一般都是刻意的、虚伪的。只要笑容是真诚流露出来的，那估计就是由兴奋引起的。当面对着可能对自己不利的事物，虽然激愤，但是发觉它已经不能损伤到自己时，或者人们因为某物十分罕见，或是不小心碰到不好的东西时，就表现得十分诧异。所以，兴奋、憎恨或是惊讶，都会使人发笑。不过我也清楚，只有憎恶的情绪，而没有一点兴奋加入，人们也能发笑。这是由于，人产生憎恶时，会促使脾脏中的血液流向心脏，并变得十分稀薄，最后输入肺部。此时，假如肺部原来没有多少血液，从脾脏来的血液就会让肺部膨大。通常，一切能促使肺部扩张的运动，都能引起失笑这类表露在外的行为。不过，人悲痛时并不如此，或许悲痛能让人抽噎、大喊大叫，但并不会让人发笑。威福斯曾诉说自己的经历，倘若他很久都饿着肚子，哪怕只有几片食物刚刚含进嘴里，他也能笑起来。其实问题出在他的肺部。因为肺部养分匮乏，肺里没有储存什么血液，因此来自食物的汁液就到达胃里，接着进入心脏，再输向肺部。血液的流动，一下子让肺部鼓起来。哪怕食物中的糖分还没有输入心脏，只是单纯地对食物的渴望，也能导致这样的情形。

78. 为何人会流泪？

如同人兴奋到极点时根本笑不出来，与此相同，人痛苦到极点时也不会哭泣，只有一般的痛苦会让人流泪不止，并且同时还要伴随着一种爱或兴奋的激情。想要清楚泪水形成的过程，首先必须明白，人体的每个部位都会源源不断地产生无数水汽，但是哪里都不如眼睛里的水汽多。之所以如此，是由这些水汽必须通过人体的视神经最终抵达眼睛决定的，而每个人视神经的大小又不同。人体排汗也与此类似，大量的水汽从人体器官中排出，并凝聚在人体的皮肤表面，变成汗水。因此，我们也能如此认为，泪水是由从眼睛这个器官中排出的部分水汽形成的。

79. 水汽成水的过程。

至于水汽是如何在大气中变成雨水的，我曾在《大气现象学》中阐释过。雨水的生成是因为水汽变得没往日活泼，还有就是水汽的量急剧增多。我还认为，尽管从体内出来的水汽量不多，还不活泼，但肯定仍能变成水。人们患病时身体虽然十分衰弱，但是浑身仍会冒冷汗，正是因为如此。当水汽量超过以往时，只消它们不再活泼，就能转化成水，因而人进行某些运动时，会流淌汗水，不过不会让眼睛流泪。这是由于，人运动时，支持运动的那些肌肉中会涌进大量的动物精气，而只有微乎其微的一部分精气经过视神经到了眼中。它们变化成不同的形态，但其实都是一种物质，它们会以血液的形式出现在动脉与静脉中，以动物精气的形式出现在肌肉中，以气体的形式冒出人体后就变成水汽，以汗水的形式流淌在皮肤表层，以泪水的形式盈满眼眶。

80. 为何促使眼睛产生痛感的东西能催生泪水？

从眼睛中出来的水汽，要在两种情况下才能转变成泪水。其一，因某种特殊原因，水汽必须经过的孔洞外形发生变化，导致水汽通过的速度变慢，并且前后顺序混乱，因而它们就能变成水。所以，即便是一根稻草意外飘到人眼中，也会使眼睛上面的孔洞改变布局，即有的孔洞变得更狭窄从而使人流泪，并伴随着痛感。眼泪形成的过程是这样的：因为眼睛的某些部分变得更窄，以前那些能有条不紊地顺利通过孔洞的水汽如今通过的速度变得十分迟缓。所以，这些水汽的顺序变得非常紊乱，它们凝聚在一处，从而形成泪水。

81. 为何人痛苦时容易流泪？

第二种情况是，有种痛苦会随后产生带有热爱或兴奋的激情，也能催人泪下。也可以这么理解，只要一出现能促使心脏中的血液涌流到动脉中的那种成分，人就会落泪。人痛苦时，会让眼睛上的孔洞变得窄小，血液流动缓慢并逐渐有些冰凉，所以痛苦的情绪会令人落泪。

不过，眼睛上的孔洞变小后，能从孔洞中出去的水汽也越来越少，假如此时没有其他办法让水汽增多，那么就不能让人流泪了。而爱的激情会促使丰沛的血液涌进心脏，因此能迅速让水汽充盈起来的——如果想增多水汽，恐怕只有爱的激情最为适宜。我们还发现，人痛苦时，总是抽抽噎噎地啼哭，而不是一直往外流泪，这是由于，他们总是一边痛哭，一边不断地回忆着自己所热爱的事物。

82. 何为带泪的嗟叹声。

时常会这样，丰沛的血液涌进去，肺里面的空气被挤压出来，使肺部再次胀大。而被挤压出来的空气，必须经过咽喉，然后才能获得自由。这时候，就会出现某些低吟声或是嚷叫声，眼泪也会随之流出来。比起人愉悦时发出的声音，虽然嚷叫声和它出现的形式非常类似，但嚷叫声更尖细。这是由于，有些神经能让人的发音器官产生变化，或伸张或紧缩，从而改变音色，使其变得或浑厚或尖细。人体中还存在着这样的部分神经，当人兴奋的时候，会促使心脏打开入口，当人痛苦时，则会使心脏自动地关闭入口。这两类神经交织在一起，就会使发生在上述器官中的伸张或紧缩动作同步起来。

83. 为何流泪的多是儿童与老人？

相比中年人，儿童与老人更轻易流泪，但二者有所区别。一般老人落泪多是由于热爱与兴奋，当这两类激情交织在一起时，会造成无数的血液在短时间内涌入心脏中，并把水汽从心脏中输送到人的眼睛里，这些水汽的运动会受到老人冷漠气质的影响，变得迟缓起来，哪怕未曾发生什么令人难过的事，水汽也会轻而易举地化为眼泪。假如老人不高兴时也落泪，多半是受他多愁善感的灵魂特征影响，而不是由他的身体支配。通常，易感流泪的情形，多见于一些内心比较脆弱的人身上，哪怕遇到一丁点的痛感、担忧或是不快的事件，他们也无法克制自己。与此相同，儿童一般不会由于兴奋而流泪，只有非常难过的时候，他们才爱哭，即使当时没有爱的激情出现也会这样。儿童的血液非常丰沛，所以随时可以产生非常多的水汽，只要他出现难过的情绪，这些水汽的运动就会受到阻遏，变得迟缓进而形成泪水。

84. 为何有的儿童即使面色如纸，也绝不落泪？

不过，有的儿童即使非常伤心，他也绝不落泪，而是面色变得惨白。这证明他的志气与魄力异于常人。换而言之，当这些儿童明白来人不怀好意时，就会想法积极应对，并按照大人的想法来采取措施。不过，儿童的面色变得惨白，一般也证明了他们的内心十分软弱。他们的脸色变白，是因为对某些事物产生了憎恶或是恐惧的心理，不会流泪，就是由于憎恶或恐惧的激情在影响他。不过，人们经常能从那些易感流泪的儿童身上，感受到更多的爱心与同情。

85. 谈谈慨叹。

虽然人们叹息与落泪时都会很难过，但导致它们发生的缘由不一样。这是由于，人们落泪时肺部总会充盈着大量血液，但是当人们叹息时，里面却几近空虚，每当此时，对于渴望或兴奋的某种遐想，都会使得那由于悲伤而紧缩的肺静脉重新张开。于是，肺里仅存的血液转瞬之间就会流经肺静脉抵达心脏的左心室，由于渴望而导致的兴奋激情，会一直在这里刺激着它们。同一时间内，全身的隔膜与胸腔的肌肉也会受激情的影响全都运动起来，最后，空气通过人们的口进入肺部，把因血液稀少而造成的空虚填满。叹息就是这样产生的。

86. 有些人身上为何会出现一些非常特殊的激情？

对此我还想在后面赘述几句：激情不同，成因就有所区别，结果也会不一样，这也许会牵扯到不少相关的事物，并再强调一下我著书立论所遵守的准绳。人的肉体与灵魂之间存在着一种微妙的关系，倘若我们把某类身体运动与某类思维活动挂钩，只要其中的一类没有呈现出来，那另一类也不会显现。还有，人们不会一直把相同的某些身体运动与相同的某些思维活动联系起来。这是由于按照这个标准，就可以彻底阐明与这些有关的，或许每个人在自身或他人那里都曾察觉到，但是以前我们并没有阐述过的事物。譬如，我们极易联想到，有些人的癖好很奇特，他们会讨厌玫瑰的香气，厌恶看到猫，等等，其实这些怪异的心理从生命伊始就存在着，或许他们以前被类似的事物伤害过，或是当他们尚在母体内时，就感知到了这些事物的威胁。我确信，母亲与自己腹中的胎儿之间存有一条天然纽带，因此，可能伤害到一方的事物，也可能损害到另一方。身处襁褓中的婴儿，假如因为出现的玫瑰花香气而头晕，或是无人照顾时被一只忽然冒出来的猫吓到，也许长大后他不会对此留下什么印象，但是对玫瑰花的香气与猫的那种切身痛恶感，会一直盘桓在他的大脑中，直至生命的终结。

87. 谈到的五类激情，对与其关联的人体有何影响？

我们对热爱、憎恶、渴望、愉悦、痛苦这些激情的概念进行了阐述，还讨论了它们各自的成因与人体产生的同步活动，不过对于它们造成的后果，我们也要仔细研究。特别要留意，从每种激情的本质来看，它们都与人体有关。唯有灵魂与肉体相关时，激情才会在灵魂中显现出来。所以，激情最初的作用是促使灵魂做出反应，让它允许肉体完成某些维持身体的正常活动，并施以某些手段令其更完美。从这个角度来看，痛苦与愉悦这两类常见的激情正好可助其达成愿望。这是由于，借助于人特有的痛楚感，灵魂会立即对那些会损伤其肉体的东西高度戒备，因此，人只要感到难受，灵魂中就随之产生某种痛苦的激情，接着对导致痛苦的事物会产生憎恶，于是就期望马上摆脱它。同理，借助于某种舒适感，对人体有益的事物会吸引灵魂的关注，随之，这种舒适感会激起灵魂的愉悦，人们就会热爱令其产生愉悦感的事物，于是心生渴盼，期待能得到此物，从而让这种愉悦的激情持续下去，或是幻想着以后还会得到诸类激情的眷顾。所以，从此点来看，这是五类特别有益的激情。从某个层面看，痛苦是最基础的一类，比愉悦作用更大，与此类似，憎恶比热爱作用更大。因为，摒弃那些兴许会破坏掉我们的不利事物，比我们能获取到的虽能让我们更完美但是可有可无的事物，意义更加重大。

88. 五类激情的不足及弥补的办法。

上面所述只是激情最基本的作用。那些不会思考的动物，都只能靠着自身的活动来勉强活命。动物的运动方式和我们人类的很相似，而且和我们由灵魂支配的那些肢体运动非常相像。不过，凡事都有好坏两面，有些对人体不利的东西从不会让人的灵魂感到痛苦，反倒会觉得十分开心。而那些有利于人的事物，反倒让人感到非常难受。另外，有这样一些激情，无论其对我们是有帮助还是有害，呈现出来的都会比它们本身显得更为重大也更关键，因此会误导我们过于热衷于它们，并浪费不少精力在它们身上，反而避开了对另外一些事物的关注。我们常会观察到动物的一些特征，它们时常会被引诱，也许本来遇到的问题并不大，然而却一步步走向更大的圈套。因此我们人类必须凭借宝贵的经验，进行理性思考，正确分辨美丑善恶，识别事物的真正价值。唯有如此，我们才能明辨是非，而不随心所欲地去做事。

89. 上述激情波及灵魂时，会造成什么影响？我们先来谈谈爱的激情。

　　假如人类只有肉体，或是说肉体在我们身上是最出色的部位，那我们所做的阐述就很充足了。但是，肉体实质上是我们人体中比较低等的部分，所以，我们需要把精力放在受灵魂影响的激情上。在这个前提下，人们的认知水平导致了热爱与憎恨的产生，而且要比愉悦与痛苦的产生还要早一些。只有当愉悦与痛苦在灵魂中占了主导地位时，它们才会变成某种形式上的认知。假如这种认知靠得住，就会让我们去爱美好之物，去恨有害之物。比起憎恨，热爱来得不猛烈，也不会致人痛苦；这样的爱当然非常美好，它能把那些确实美好的事物呈现给我们，让我们得到精神上的陶冶。我所说的不猛烈，是指即使爱到极致，它也能让人们恰到好处地与这些美好之物交融在一起。人类对于自身的爱恋也是如此，我认为这只能有利而无害。而且随着这种情结的产生，愉悦之情也会随后到来，这是由于爱的激情会昭示我们，那些让我们钟爱的美好之物为我们所有。

90. 谈谈憎恶。

　　与此不同，即使恨的情绪微乎其微，也会伴随着痛苦，我认为它的伤害会很大。这是由于那些美好之物会促使我们产生一系列行为，有害的事物也会，但是后者不如前者对我们更为有利。最起码，当人们完全了解美好之物与有害之物后，就会如此。我认为人们对于有害之物的憎恶情绪，只能借助于痛楚呈现，这就无疑要与我们的肉体产生联系。不过，我在此讨论的只限于那些源自清醒意识的憎恶，只讨论仅仅与灵魂有关的憎恶。我之所以认为憎恶的情绪总会带来痛苦，是由于它是一种因某种不足而导致的恶果，如果不出现与此有关的实际范例，人们就不能认清它，并且在实际的事物里，不可能只存在不好，而没有一点有益的东西。故而在一个事物里，有害与美好总是联系在一起的，憎恶的激情让我们逃离该事物，但同时也与其有关的美好失之交臂。这种错过美好之物的遗憾，就以灵魂的失误的形式让灵魂接受，于是就让灵魂产生痛苦的激情。比如，某人身上有些不好的习气，招致我们的厌恶，于是他的言论可能就会被我们忽视，而在他的言谈中，我们或许能察觉一些不想错过的美好东西。当然，在其他所有类型的憎恶激情中，也总会有让人痛苦的成分存在。

91. 渴望、愉悦与痛苦。

很显然，由切实的认知所产生的渴望，如果不过度，其产生的约束还能被人接受时，这种渴望就无害。自然于灵魂而言，愉悦的肯定是有益的，痛苦的肯定是有害的。这是由于，有害的事物带给灵魂的全部麻烦就是痛苦，但美好之物带给灵魂的全部优点就是愉悦。所以，假如人类没有肉体的话，就不会产生太多的热爱与愉悦，对于憎恶与痛苦也就没必要去回避。不过，这些激情产生的时候，倘若产生的身体活动过于激烈，就会对人们的身体造成伤害。自然，当身体活动适中时，对人体还是有益的。

92. 与痛苦和憎恶相对的愉悦和热爱。

灵魂是抵触痛苦的，即使与某一个明确的看法相关时，亦是如此。所以，如果由于某项谬误导致憎恶与痛苦产生，那个谬误就会被灵魂抵触。不过，设若此时热爱与兴奋的根基不牢时，人们就会猜疑它们存在的合理性。不过我认为，假如只是从灵魂的角度来观察这些激情，大家不妨这样看，也许比起别的激情的根基，愉悦与热爱的根基不太牢靠，用途也逊色了点，不过它们总比从那些欠佳的根基上产生的痛苦与憎恶更为有利。所以，在我们的人生旅途中，偶然犯错是在所难免的，我们一直偏爱较多的是与那些优美之物相关的激情，而不是那些坏的激情，哪怕这些坏的激情只是让人们躲避某些事物。一般来讲，即使是带着欺骗性的愉悦，比起真实的痛苦也更有意义。不过，对与憎恶相对的热爱来说，我不敢保证是否如此。这是由于，当憎恶的激情与实际吻合时，它只是提醒我们与那些不好的事物保持距离，并且这种距离本身就是有益的，反之，当热爱的激情并不牢靠时，或许就会诱使我们靠近那些不好的事物，或是起码对我们来说没有思索价值的事物，由此一来，就会产生不少麻烦，耗费我们的精力。

93. 上述激情与渴望产生关联时的情形。

我们必须非常清楚地意识到，上面所阐述的四类激情的活动与影响，只是从它们本身出发，并且它们不会影响我们的具体行动下来进行考虑的。这是由于，倘若它们刺激我们产生了渴望的激情，那么就会因此干涉到我们的具体的行为。我敢肯定，那些根基原本就虚浮的事物会伤害到我们，反之，那些根基牢靠的事物或许会对我们有帮助。乃至所有的激情根基都带有缺陷时，愉悦反倒会比痛苦更伤人。这是由于，经历了痛苦的激情，人们就会适度地控制自己，对痛苦变得比较胆怯，行动起来也会小心翼翼，绝不会如兴奋时那样忘乎所以，做事莽撞不计后果。

94. 那些只能由人类的渴望带来的结果。

不过，所有的激情若想要影响我们的行为，必须依靠被它们引发的渴望才行。所以，对于渴望我们必须格外重视，此时也能体现人类道德的重大作用。就像我说的那样，若渴望产生于真切的认知时，它对人们是有好处的，但若产生于谬误之中，肯定就有害处。我觉得，在关于渴望的问题上，人们产生谬误一般是由于他们没有良好的分辨能力，无法识别哪些事物能够属于我们，哪些事物不能属于我们。所以，对于只受我们控制的事物，即靠我们的思想就能支配的事物，只消对其别抱有太多渴望就可以。这是由于，去做我们可以决定的好事，就是在跟从道德的指引。有一点很明确，对于高尚的情操，人们不会产生太热切的渴望，只有当我们坚信这种渴望能引导我们取得胜利时才会如此。这是由于，既然我们已然能决定事件的走向，那我们遇到的就常会是我们期待之中的幸福感。不过我们之所以会出现谬误，是因为我们的期望值还不太高，而不是因为我们期望得太过分。解决这些问题的最好办法，就是让我们的灵魂脱离那些不中用的期望，而从我们一直期盼着的那些美好之物中，认真地进行研究，进行彻底剖析。

95. 谈谈产生于其他因素的渴望，以及何为幸运。

有些事物或许非常完美，不过由于它们并不能由人的意志决定，因此就不应过于热情地对其产生渴望。原因之一是它们越是不显现出来，我们反而越憧憬它们，以至于十分苦闷。关键的一点是，它们能主宰我们的灵魂，使得我们对那些凭借一己之力或许就能得到的东西不再感兴趣。为了抛弃那些无谓的渴望，可以采取两种办法进行弥补：一种是我将来要讲到的宽容；一种是我们必须时常想到万能的造物主，进而意识到，有史以来，每件事物的出现早就被造物主设定好了，而不能以另外的形式呈现出来。该物必然是这样的，也就是它无法逆转其注定的存在，因而人们口中的幸运是不存在的，那其实仅仅是因为人们的思维出现了谬误，于是编织出美梦想忽略这点。我们仅仅从自身的角度觉得有些事物或许能呈现出来，并且它们出现不是由于我们，而只是由于幸运。换而言之，只要我们觉得它们有显现的可能，还在以前类似的场景中显露过，就完全能认定它们有可能会出现。不过这么想，只是由于我们对产生所有结果的可能因素不甚了解。在我们眼中，靠幸运就会发生的事情却并没有发生，这表明一点：促成该事物发生的某个必备条件并不完善。而且在之前相像的情境里，这个必备条件也不完善，事情也没有发生过。故而，假如我们已知晓这些，就会判断此事不会发生，也会对其失去渴望。

96. 谈谈那些能由我们与他人决定的渴望。

所以，必须彻底否定这样一种世俗观念，认为我们周围有种叫幸运的事物，它是否会出现完全看它乐不乐意。我们应该知晓，世间万物皆有其亘古不变的法则，这种法则是颠扑不破的，不能肆意变更，不过，要除去那些被这种亘古不变的法则期冀凭借我们的主动意识去解决的事物。我们应从自己的视角去查看这些事物，因为它们未必会产生或也不是完全不能避免发生，因此我们是能够渴望它们以另外的形式呈现出来的。不过，由于我们绝大多数的期望都关联着这类东西，而且决定权不在我们手里，也不在他人手中，所以，我们就应该准确地识别出哪些是可以由我们来控制的，从而把自己渴望的目光投射在它们身上。对于其他事物，虽然它们造成的后果势必会出现，无法逃避，从而让我们不会因它们而消耗太多气力，不过为了方便我们调整自己的计划，我们仍是有必要考虑清楚，是继续对它们寄予希望，还是减少对它们的渴望。举个例子，假如存在着两条截然不同的道路，但都能让我们到达某地，我们对当中的某一条相对肯定些，也比较有信心，虽然造物主制定的规则或许就是这条，假如我们按照自己觉得正确的那条走，路上可能会遇到抢匪，而走剩下那条路，就大可不必担心自己的安危。纵然如此，我们也不能对此满不在乎，也不能因为是造物主的规则就认定其无法更改，而是每个人都要理智行事，选定那条一般人们觉得最准确的道路；假如按照自己的意志行事，那我们就能满足自己的愿望，完全不必担心会遇到什么坏事。我们深知，这种坏事是无法避免的，因而我们不能毫无来由地认定自己就能逃脱过去，在我们的认知水平内，只要竭尽全力做到最佳就行了，就像我们曾经经历过一样。有一点我非常肯定，当人们试图努力去分辨何为命数何为机遇时，他们按照这样的方法来克制自己的期望就很简单。所以，我们若想得偿所愿，就只能靠自己，而渴望总会让我们感到称心如意。

97. 谈谈灵魂内部所包含的情绪。

我仅在此加上自己的部分浅见，我觉得它能让我们不用承受来自激情的所有麻烦，我想说的是，我们到底是好人还是坏人，是由灵魂内部所激发的情绪决定的，这些情绪和由动物精气所激发的那些激情是有差别的。虽然灵魂的情绪常常伴随着某些与它相仿的激情，不过，它们也能和其他类别的激情产生联系，有时候，它们会由与它们相悖的某类激情引发。譬如，假如某个男子正在为去世的妻子伤悲，他的妻子却突然间死而复生（这是会偶然发生的事情），他就会有些不愉快。这是由于，他整个身心都沉浸在巨大的悲痛中，丧葬时的情景，平时总与他无话不谈的那个人离他而去，这些全让他悲痛不已；那些还带着昨日余温的爱的回忆与怜惜之情，都让他忍不住潜然泪下。但此时他内心最隐秘的角落里，却潜藏着一种喜悦，并具有强大的能量，因此即使他悲痛不已，即使他一直在流泪，也一点不会减少这种喜悦。另外，我们阅读时也许会读到某些离奇的恐怖故事，有时在剧场中也会观看到相似的内容，于是我们就会时而悲痛不已，时而十分愉悦，时而喜爱，时而憎恨，常见的激情都会呈现出来，这种状况是由我们联想到的事物与实际的差距造成的。不过，我们仍非常乐于去体味这些激情，这是来自理性的兴奋，一般由痛苦或其他类别的激情导致。

98. 加强修养是弥补激情的最佳良方。

因为这些内在的感情与我们更为密切，所以虽然它们与不同于它们的激情同时产生，但它们对我们的感召力更强烈一些，故而能够肯定，只要人们的灵魂中存在着能满足它们需要的成分，那不管麻烦来自何处，都不会伤害到它们，反而会因为它们知晓这些麻烦不会侵害到自己，自己非常了解自己的长处，从而更加兴奋。若想让人类的灵魂拥有引以为傲的成分，只消让灵魂实实在在地加强修养就行了。这是由于无论指派谁这样行事，倘若他没出过差错，而且所做之事都是自以为最上佳的（我谈到的加强修养就是如此），那么他就不会受到自己认知的指责，也能因知足而心情欢畅，即便是最磅礴的激情在澎湃，他的内心世界也会一派祥和。

第三部分　部分特殊的激情

1. 谈谈重视与藐视。

我们阐述了六类最为常见的激情，其他的激情只是从属于它们。我准备再次简明扼要地聊聊那些极为独特的激情，我会按照上回汇总过的那些常见激情的次序来处理。我第一个要谈的是重视与藐视。虽然这不过是人们不带感情地对某个东西做出的评价，但是其中常常会激发出某些激情，也许人们还没来得及为它们定名。所以，我也许能借助某些特殊的称谓来定义它们。重视成为一类激情时，往往带有下列特征：灵魂会把某个受自己器重的东西的特殊意义展示给自己看。出现这样的特征，是由于大脑完全受某种特别的动物精气活动的影响，它们一直向大脑强化对此的印象。反之，藐视带有如下特征：动物精气在大脑中的活动，一直加强着人们认为某物卑微的想法，因此，被藐视的东西在灵魂看来，都是非常卑鄙庸俗的。

2. 这两类激情都同属于惊奇。

所以，可以把这两种激情划归到惊奇一类。这是由于，我们没有因为某个事物的崇高而惊叹，也没有因为它某个细节的渺小而惊异，于我们而言，能做的就是按照理智的需求来恰如其分地行动。因此，在激情没有呈现的前提下，我们只能重视或藐视该事物。虽然一般情况下，重视常常源自热爱，藐视则来自心中的憎恨，但这不具有代表意义，实质上，它们多多少少是在人们热爱某物，无意识中衡量此物是崇高还是卑微时形成的。

3. 重视或藐视也会产生于我们自身。

我们时常能在形形色色的事物上见到这两类激情。不过，若采用重视或藐视的态度来衡量自己，即考量我们自身的价值时，它们就会显得相对特别。这是由于这种情形的动物精气运动起来时特别显著，乃至于会让人们的脸色、模样、行走方式产生改变。通常情况下，若想比平日更主动或更恶劣地表明自己的观点时，人们的行为方式此时也全会随之改变。

4. 为何人们会重视自己？

　　所谓聪慧的条件之一，就是指一个人用了何种方法，出于什么目的后开始重视或藐视自己。我在此谈谈关于这些的看法。我察觉到人身上只有一点能说服我们开始重视自己，那就是我们可以自由地驾驭自己的思想，并能够操控自己的意志。这是由于，唯有被我们的思想抉择的行动，才有资格来判断我们是该被称赞还是被批评。我们也许会懦弱，但不能因此而失去自由给予我们的权益，唯有如此，我们才能主宰自己。

5. 何为宽宥？

　　我认为在合适的范畴内，切切实实的宽宥可以让一个人极度珍视自己。其一，这是由于他很清楚，于一个人而言，唯有能够随心所欲地操控自己的意志，才是切切实实地掌握了自己的东西，除去或好或坏地驾驭它们这点外，就没有别的理由能让别人表扬或者批评自己了；其二，恰到好处地支配自己的意识，能让他的信仰变得更加坚不可摧，并让他对信仰矢志不渝。换而言之，对他所热爱的事业来说，他永远不缺少从业与践行思想。从这些上面，就正好能彰显一个人的品格。

6. 宽宥的品格让我们能够尊重他人。

　　具有这种觉悟并能自我警醒的人，他们很轻易就能意识到，其他人的认知与感觉也会同他们类似，这是因为这种认知与感觉绝对无须假手他人，因而我们就能理解为何他们从未藐视过他人。虽然他们知道别人常常出现谬误，并让自己变得更为懦弱，但他们目睹后习惯性地谅解他人，并不是横加指责。他们确信那些人之所以出现谬误，往往是由于经验不足，而不是由于缺乏坚定的信仰。所以，即使面对着富可敌国、功勋卓著的人，或是内心世界更为丰富，学识更加渊博，长相更为出众，具有某些特长的人，他们都不会自馁，并且，相比那些还不如自己的人，他们也不会自视高傲。这是由于他们觉得，在完美无瑕的信仰面前，万物根本不值一提。唯有借助于信仰，他们才会珍视自己。他们设想他人亦是如此，信仰也会多多少少以这样的形式出现。

7. 何为谨遵道德的谦虚？

　　最豁达大度的人，往往也是最虚怀若谷的。符合道德标准的谦虚本来就属于一种反省，反省人们天性中的弱点，反省我们从前的过失，或是以后我们可能会出现的问题，而我们未必就会比他人少犯错。因而我们不会唯我独尊，只会和蔼待人，相信别人和我们没什么区别，都有自己自由的思想，并能很好地指挥它们。

8. 宽宥有何特性，又怎么能帮助激情有错必纠？

一个具有宽宥品格的人，当然会有成就伟业的气魄，不过，这些人做事绝不超出自己的能力范围。在他们眼中，忽略自己的得失而尽力帮助他人，就是最高尚的行为，因而，对待所有人，他们始终都表现得十分谦恭、和蔼、友好。于是，他们就绝对主宰了自己的激情，对于渴望、妒忌、欲求之类的激情，他们已经能支配得很好，这是由于，他们丝毫不会浪费时间去在意那些不能被他们控制的事物。他们也能抑制自己对他人的仇恨，因为他们在意每个人；他们也无所畏惧，因为他们有良好的品德；他们不会动辄动怒，因为他们极少只去关注那些他们无法决定的事物，他们永远不会把精力无限地放在自己对手身上，至于对方是否伤害过自己这一点，常常会被忽略。

9. 谈谈自傲。

由于某些别的因素而对自己产生的过高评价，或许是真实的，不过其中并不真的含有包容，有的只是自傲。自傲是一种致命的症结，当人们欣赏自己的理由越是不成立时，问题就越严重。人们无缘无故变得自大，是最不稳妥的。换而言之，自傲就是指人们自身其实不具备任何有价值的成分，且由于他们不能为社会创造任何价值，便主观臆断非法占有十分光彩，在他们心目中，占有的数量越大，就越自豪。

这其实既愚蠢又荒谬，假如没人无缘无故被别人恭维过，那我实在不肯相信竟然会有人甘心这么做；现在社会上溜须拍马已经成为风气，导致一个浑身有问题的人常常无法意识到，自己注重的其实是一些无关紧要的事物，一些理应备受指责的事物，于是就营造了这样一种容易让人自高自大的氛围，那些越愚笨不堪的人，越容易深陷其中。

10. 自高自大与宽容对人的影响正好相对。

无论人们出于何种缘由重视自我，但凡这种缘由并非自由意志，即自己能够较好地支配意志，一般都会造成某种自傲。我曾指出的宽容源自自由意志。自傲与宽容截然不同，影响力也有差别。这是由于，譬如灵魂、美好、金钱、名誉这些美好的事物，愈是集中在小部分人手中，愈会被人珍视，而且实质上大多数不能传授给许多人。因此那些得意扬扬的人，就会想方设法去中伤他人，他们自己却被围困在欲望的网中，憎恶、妒忌、恼怒会不停地吞噬着他们的灵魂。

11. 过于谦卑的不足。

自馁或是过分谦虚，通常被用来形容人们自身的怯懦或不太坚决，或者形容人们不能发挥主观能动性，明知道自己采取某些行为会让自己追悔莫及，却仍不悬崖勒马，另外，也形容人们自以为无法独立存活于世，觉得自己不如他人那样能得到某些东西。自然，这种激情与宽容也是正好相对的。最常见的是，那些在灵魂上最自卑的人，往往也是最倨傲的。自然，那些最宽容的人，总是虚怀若谷，对别人恭敬有加。那些内心坚强并且又能海纳百川的人，绝不会因个人的遭遇而影响到情绪，那些懦弱卑贱的人，幸运时会高傲自大，遭遇厄运时会更加自卑，完全受制于命运。人们常会发现，那些懦弱卑贱的人遇到某些或许能给予他们恩惠的人，或是可能会危害他们的人时，他们总是卑躬屈膝，但遇到他们无须求助的人，或是对他们构不成任何威胁的人时，就开始飞扬跋扈。

12. 动物精气是如何在这些激情中运动的？

另外，我们能轻易地察觉到，自傲与自馁是不符合行为规范的，但也属于某些激情的范畴。在某些突发的情况下，这些激情会导致有的人忽然扬扬自得或是忽然垂头丧气。不过，一触及宽容与谦虚两种品德时，大家不免产生疑问，它们属于激情吗？它们呈现在外面的特征很不显眼，因此好像行善与失德能激发出的激情毫不相同。虽然这样，我却不能否认，由某种使不太靠谱的观念得到强化的某类动物精气，与使某种准确的观念得到强化的另一类动物精气，它们所进行的活动实质上属于同一类。自傲与宽容都包含人们对自我的肯定，不同之处在于：当人们自傲时，这种肯定是不对的；当人们宽容时，这种肯定是理所应当的。所以，大家好像把它们归结为同一类激情，它们也许涉及人们自己，也许涉及使大家十分珍视自我的东西；它们是被某种行为激发出的，包含惊讶、兴奋、热爱等成分。反之，惊讶、痛苦与自恋的激情，还有人们因为身上的不足而鄙视自己时所产生的怨恨，统统汇合到一处，构成了能让人变得谦虚的某种行为，里面有符合道德标准的，也有不符合道德标准的。我察觉到了这些激情所产生的行为的所有区别。惊讶的特征有两个：第一，体内与之相关的动物精气被它刺激，从一开始运动时，能量就显得特别巨大；第二，在接下来的持续运动中，动物精气一直表现得很平稳，即动物精气在大脑中保持等量匀速运动。当人们得意与失意时，相较人们在宽容与谨守道德规范的前提下所呈现出的谦虚，第一条特征会更鲜明些。而当人们保持宽容、谦虚的状态时，比起自傲与萎靡情绪，第二条特征要更显著些。这是因为，愚昧往往是滋生邪恶的温床，而那些无法正确估量自己的人，往往极易不正常地沉陷在自傲与自馁的纠结中。面对一切刚萌发的事物，他们都会抑制不住自己的惊奇，认为它们最终都会归属于自己，从而产生自我评价。这些东西要是对他们有益，他们就会自我陶醉，假若有害，他们就会鄙薄自己。不过一般情况是这样的，随着某个可令他们自傲的东西的产生，令他们惭愧的东西往往也会紧跟其后。所以，他们的激情总会处于变化当中。反之，我们在宽容与类似它的谨守道德规范的谦虚当中看不到这种情况。并且任何事物都不能令它们发生更改，因而在激情中运行的动物精气，都会表现得非常稳定、匀称，不会发生改变。不过，宽容、谦虚与惊奇的联系同自傲、自馁与惊奇之间的联系并不相同，这是由于那些拥有宽容、谦虚品格的人非常器重自己，而且十分清晰器重自己的原因。但是，即便这样，人们仍然觉得那些原因十分奇妙（包括人们可以随心所欲地驾驭自己的思想，能够很好地支配自己，并找到那些具有上述优点的人身上的不足，从而提醒自己无须过度沾沾自喜），这就导致人们每次与它们不期而遇时，大脑中都会对此产生另一轮惊叹。

13. 如何才能做到宽容？

必须知道，人们经常提及的品德其实涉及人们精神层面的某些行为方式，它们让灵魂偏重于部分想法，因此，品德与这些想法不一样。不过依靠品德能产生新的想法，当然，新的想法也能催生良好的品德。还必须留意，只有借助于灵魂才能产生这些想法，不过，常见的状况是，某类动物精气的活动能深化人们的某些想法，于是这些想法就成为某种品德的所属，也一并成为灵魂激情中的一类。如此看来，好像高贵的身世对于培养个人的品德并无帮助，品德能让人依据自己所创的利益来评价自己；虽然从而能够正确认识自己，但是大家笃信一点，就是造物主造人时，给每个人置放的灵魂并不全是高贵而坚强的（我们遵循自己的语法，称这种品德为宽容，在经院哲学那里它却被称作尊贵，他们其实对此不甚了了），但是有一点很确定，接受优良的教育特别有利于修正我们与生俱来的不足，假如人们能时常研究何为主观能动性，知道很好地利用我们的能动性，借助于坚韧不拔的意志，就能发现具有坚定的信仰是非常有益的。从另一个角度看，能让人目中无人的事物是何等无稽，又是何等空虚！于是，人们的体内就会激发出一样激情，让灵魂中出现宽容的美德。要这么理解，拥有这种美德，接下来就能推开其他品德的大门，并能根治激情所带来的一切不良恶果。我认为必须认真对待这一点。

14. 谈谈敬佩。

　　尊重或敬佩体现了灵魂这样的特征：对于自己崇拜的事物，灵魂会保持恭敬的态度，由于对其有些惧怕，从而顺从于它，并努力使它对自己满意。如此一来，能让我们产生敬佩的，往往是那些带有不可操控成分，也就是认为它们能对我们产生或好或坏影响的事物，唯有如此才能获得我们的敬佩。这是由于，对于那些对我们只带着善意的事物，我们选择热爱或是神往，而不仅仅是单纯地敬佩，对于那些能让我们尝到苦果的事物，我们怀有的只能是憎恨了；倘若我们没有断定这些不可控因素是好是坏的话，那么我们也不能遵从于它，自然也不能让它对我们满意。与此相似，如果林木、山泉或崇山峻岭能让异教徒们产生一种敬意，那么他们并不是敬佩这些冷冷清清的事物，而只是敬佩那些暗中操控这些的神灵。于是在激发出敬佩这种激情的动物精气中，也会有其他的动物精气配合进来，比如惊讶与恐怖，在后面的文章中我会讲到。

15. 谈谈藐视。

　　事实上，我所说的藐视只是灵魂体现出的特征之一，它鄙夷某些不可控的成分，觉得虽然它们也许会或好或坏地对我们产生作用，但是它们的能量无法与我们较量，简直望尘莫及，所以藐视既不能带给人们良善，也不能带给人们丑恶。藐视这种激情的产生也是因为动物精气的活动，而这种动物精气的活动是激发出惊讶、坦然或无畏的动物精气活动造成的。

16. 两种激情带来的后果。

灵魂的宽容与懦弱，或是灵魂的卑贱，可以左右这两种激情对人而言是利是害。这是由于，人们的灵魂越伟大越宽容，就越想把自己优秀的部分给予别人。因此这类人既十分谦逊，也十分公正大度，他们会毫不吝啬地根据所有人在世上拥有的地位和能量而分配给每一个人相匹配的名誉和敬重。并且，这类人会藐视一切丑恶的事物。反之，那些灵魂卑微、赢弱不堪的人，做事一直不受控制，经常会出现差池。有时候，本来让人们藐视的某些事物，反而让他们崇拜与畏惧；有时候，对于那些最应该敬佩的事物，他们却显得非常倨傲，十分漠然。一般对于某个事物，他们开始时极其鄙视，后来却成为它的忠实信徒，后来还会因为某个原因再次对其百般诋毁。所以，丑恶和神志不清都可能出现在他们身上。

17. 谈谈渴望与忧虑。

渴望是灵魂的形态之一：它认为所期待的事物会突然出现在自己面前，它的产生源自某种特别的动物精气，由包含着愉悦与渴望的运动激发。忧虑是灵魂呈现出来的另一种形态，它认为永远见不到它所渴望的事物。这两种激情截然不同，但能为人们同时所有，可以这么理解，当人们有如下两种想法时——先是觉得那些殷切期待中的事物为己所有将轻而易举，然后又否定自己的这一想法，就会同时产生渴望与忧虑。

18. 谈谈坦然与失望。

坦然与失望这两种激情，都不会随着渴望同时产生，自然也不会给彼此留下一点余地。这是由于，当人们的渴望达到极点时，所有的忧虑就会一扫而空，原先的渴望，就会演变为坦然或是自豪。假如人们得知盼望的事物肯定会呈现时，虽然仍在翘首以盼中，但是渴望的激情已经不能让他们产生冲动了，在此之前，他们却表现得十分焦灼，一直在寻求结果。与此类似，当人们的忧虑达到极点时，这种忧虑就会让人们的渴望化为乌有，渴望就演变为失望，让人们觉得自己所期待的一切都是痴心妄想，于是，失望会淹没一切的渴望，这是由于只有在那些能够实现的事物中才能滋生渴望。

19. 谈谈妒忌。

妒忌其实源于焦虑，人们想将自己渴望的美好之物收入囊中，并想拥有对其的所有权，这种期望与焦虑产生关联；妒忌的产生，并不是由于人们过于相信此物或许会不翼而飞，而是因为对其过于珍视。

因此，这两类激情交织在一起，即使是一丁点的不可能性，也会促使人们去反复查验，用心应对。

20. 这种激情怎样才会被人认可？

比起无关紧要的事物，人们更想保存那些举足轻重的精美物品，所以，在一些条件下，这种激情或许可以被认为是合理的，应该被接纳。譬如，某个位高权重的大官，出于对自身地位的捍卫，他可能会疑虑重重，换而言之，他所有的一切也许已被别人觊觎很久，所以他必须防微杜渐。一个清白的女子，为了让自己免受别人猜疑，不至于声誉受损，有所顾虑也很自然。这证明她不想让自己出任何差错，并且连微乎其微的瑕疵也不允许存在，她所做的一切不应被人指责。

21. 何种状况下应该指责这种激情？

不过，当一个守财奴想方设法阻止别人觊觎自己的财产时，就会对他人心生疑忌，这时人们就会讥笑他。换而言之，只要他无时无刻不盯着自己的财产，生怕被人抢走，因而不得不时刻守在它身边时，就会出现这种情形，毕竟没必要耗费如此大的精力去保护金钱。一些男人不信任自己的妻子，会遭到别人的耻笑，因为他所谓的爱是病态的，他对自己与妻子的评价，本身就值得推敲。我之所以认为他的爱是病态的，是由于倘若他真的爱他的妻子，就不会产生半点猜疑之心。

可是，他其实并没有深爱自己的妻子，他在意的只是臆想中对妻子的绝对拥有权，并想从中得到好处；而且，倘若他意识不到他做丈夫的资格已经不够，或是他妻子早就不忠于他时，都不会影响他对妻子的占有欲。这种激情只与猜忌、怀疑为伍，虽然有时人们也会适当地为避开某些恶果而不得不猜疑别人，但二者并不一样。

22. 谈谈优柔寡断。

其实优柔寡断也属于忧虑的情绪之一，灵魂本来能够产生某些想法并想实行，但被这种情绪左右得举棋不定，因而放弃产生一切举动的可能，这样，在一切还没有定论之前，就能让灵魂还有机会认真进行甄选。所以，有时优柔寡断确实具有积极的一面。不过，如果这种状态在行为应该结束时还在延续着，即思考的时间比行动的时间还长的话，就大错特错了。我认为它属于一种忧虑，情形并不只是这一种。在面对着美好之物时，人们往往显得彷徨徘徊，但并不会为此产生一点顾虑，这是由于，优柔寡断只是由我们看到的事物激起的，与灵魂中的任何因素都毫无关系，所以，仅仅是由于人们无法进行决断，从而造成一切发展无法把握的可能性会增大，人们才会为此忧心忡忡，这样的表现不属于激情。不过，经常看见很多人的忧虑过于严重，常会出现下列状况：即使并没有什么非得要他们去抉择，并且他们很清楚只有一种可选性，但他们还是不安，于是就什么都不做，白白浪费时间与精力，总是觉得还会有其他的选择，这种优柔寡断就过度了。发生这些，都是因为人们想要把一件事做好的念头太过强烈，然而自己又缺乏理性，不能冷静又条理清晰地对此做出决断，仅仅是在脑海中产生无数杂乱的想法。正因如此，想要挽回这种局面，必须规范自己的行为方式，对一切显露出的事物，都能坚定而明确地做出决断；要慢慢增强信赖感，当人们做着自觉最正确的事情时，也就是在尽着自己的职责，虽然人们的感觉很可能会出现错误。

23. 谈谈勇气与果敢。

当勇气不是与生俱来的天赋与行为习惯时，它就是一种激情，是一种热情与鼓舞，凡是灵魂想做之事，它都能立竿见影地去实施。果敢是一种气概，即使明知前面是刀山火海，也能让灵魂为之赴汤蹈火。

24. 谈谈争强好胜。

争强好胜是勇气的一种，但意义上更深了一层。不妨把勇气视为某个对象，假如其目的不同，从属于它的类型就会有差异。当然，还可以按照不同的原因对其进行划分。按照前一种，勇敢是有志气，按照后一种，要强也是有志气。要强带有某种热忱，它能促使灵魂努力去践行别人完成的并且自己也想做的某些事情。要强是有志气的一种，它要学习的对象来自外界。我在此提及外界，是因为还得考虑自身内部的因素。人体的内部构造，促使人们产生期待与憧憬的激情，这样就会产生更多的能量推动血液涌进心脏，就不会产生忧虑与悲观了。

25. 渴望如何造就果敢？

我们都知道，果敢经常与艰难狭路相逢，后者使人们变得忧心忡忡，甚至万念俱灰，所以，越是处于危卵之上，越是走投无路时，越需要人们勇敢、有坚定的信念。即便如此，人们还是期望自己能达成愿望，并不怀疑自己的选择，如此一来，即使遭遇挫折，也能勇敢直面。但是，这种愿望与果敢面对的事物是有区别的。因为在某一时刻，人们如果能确认某个东西，就不可能因此而失望。德西人抱着必死的决心走入敌营，他们如此决然是因为深知此次行动危在旦夕，前路未卜已经让他们束手无策，所以他们注定在劫难逃。不过，他们还是想以自身的牺牲唤醒士兵们的斗志，这样就有了赢取战争的希望，所以，他们毫不怀疑这点，或者他们想赢得身后的美名，他们对此也深信不疑。

26. 畏惧与懦弱。

与勇敢正好相对，懦弱是一种消极或是淡漠。原本灵魂决定要做的某些事情，会被它拦下。惊恐或是畏惧是英勇的对立面，它们表面上十分淡漠，骨子里却骚动不安，由于它们的影响，大难将临时，灵魂也无法与之抗衡。

27. 懦弱的影响。

虽然，我从不认为上天赐予人类的永远只有罪恶的激情，而且只有消极作用，不过，说懦弱与恐惧还有优点，我简直难以置信。我觉得，好像只有当某些特殊情况使人们将面临精神上的折磨，且没有别的什么缘故能导致这种激情发生，就让我们否定我们之前的猜想时，它才显得好像有点用。这是由于，它既可保护灵魂不困苦，还能使动物精气的运动速度变慢，这样人们就不会过多地消耗自己的体力，从而有利于健康。不过一般我们能看到的是这种激情特别伤害人，人们想要达到预期的目的，它却让人们的意志变得松懈。产生这种激情，是因为人们的渴望与憧憬还远远不够，所以人们只要补充这两种激情，就能对懦弱的激情进行纠正。

28. 恐惧的力量。

对于恐惧的激情，我没有发现它有任何值得赞美和有价值的地方。这种激情其实并不特殊，只是极度过分地懦弱、恐慌、忧虑，这种过分对人只有害处；所以，如同英勇是勇敢过分的表现，不过假如大家的初衷不坏，那么它对人就有好处。一般恐惧都源自惊奇，所以为了防止这种不良后果出现，对于也许会让大家感到恐惧与忧虑的事情，提前进行谋划，未雨绸缪，可能是最优的选择。

29. 谈谈愧疚。

灵魂的愧疚属于一种痛苦，是由于对自己正从事着的或是早就做完的某事心生疑虑而产生。愧疚产生的必需条件就是猜忌心理的出现。由于人们无形中总是偏向于那些有益的事情，所以如果大家明知某些事会有害，不可为，那他们就不会行动。而当大家深知自己所做之事的确有害时，他们就会懊悔不已，而不是一般的惭愧了。因此，假如大家不确定自己所做之事到底是好是坏，这种激情会推动大家去检视自己，并且会阻止人们在不明确的状况下去重蹈覆辙。不过，产生这种激情的主要诱因是必须出现有害事物，所以希望大家不用去体验这种激情。为了防止产生这种激情，大家做事时一定要坚决果断。

30. 谈谈讥笑。

捉弄与讥笑属于灵魂的兴奋，却掺杂着某种憎恨。当某人遇到倒霉事，状况还不至于太糟糕，大家还觉得他是命该如此时，大家就会这样对他。本来人们对于这种倒霉事是厌恶的，可是他们发现此人受到这种惩罚恰到好处，于是就产生了兴奋感。假如事发突然，过分的诧异反而让人们失笑，我们在讨论笑的特征时就如此说过。不过，情况一般不会太糟糕，倘若损失惨重，大家就不会那么对他了，而能那么对待那人的一般不是品性恶劣，就是和他积怨太深。

31. 为何身体或精神越是有残缺的人越会讥笑他人？

我们会发现，有些身体残疾得厉害的人，譬如腿瘸、眼盲、背驼之人，或是在众目睽睽之下被人羞辱过的人，非常喜欢对他人冷嘲热讽。那是由于他们总是希望自己的厄运也会发生在别人身上，希望他人与他们自己一样痛苦，只有这样，他们才会心理平衡而感到喜悦，并认定他人遭受厄运是受到了天谴。

32. 调侃的影响。

有时某些人犯了错，倘若有人不失尊重地调侃他，就会显得风趣幽默，调侃的人并不是真的在讥讽这些所谓的毛病或犯错的人，因此调侃不属于激情，适宜得体的调侃能展现出说话人身上的乐观豁达与诙谐幽默，这些都属于美德的范畴。一般情况下，调侃能反映出一个人思维的敏捷与反应的迅速，因此，当他对他人进行调侃的时候，会显出一副气定神闲的模样。

33. 调侃中笑的威力。

听到别人的调侃时，笑一笑并不出格，然而有的调侃却让人感觉很滑稽，最后我们不得不笑出来。不过，对于自我调侃的那些人，我们要力控自己，不能无端发笑，否则他就会以为我们震惊了，而且我们更不能去附和他，以免让他觉得自己太聪明。因此，越是有更多的人听到调侃声，那调侃的力量就越能深入人心。

34. 谈谈妒忌。

人们常言的妒忌是有害的，只要别人身上有优点，旁观者就会心生不快，所以它本质上是不道德的。不过，我想用妒忌来描述一类激情，不涉及道德不道德。当妒忌呈现为灵魂的一类激情时，里面总会掺杂着因怨恨而产生的痛苦，这是由于有人拥有了某种美好之物，别人却认为他配不上此物。人们会臆断他之所以能拥有它，只是因为命运垂青于他。这是由于凡是精神上的、身体上的美物，都是人们与生俱来的，是能够与人们匹配的。这些都是生来就有的，跟这人做没做坏事没关系。

35. 何如区分妒忌是不是合理的？

如果某人偶然地拥有了一笔财产，而他实在没资格拥有，这时我们就难免心生妒忌，为什么会这样呢？这是由于每个人的内心都希望一切公平，但是财产分派时并没按照这点，所以大家就会十分愤怒，这种激情可以被谅解；特别是人们妒忌拥有某个美物的某人时就会这样，觉得美物在他人之手只能变坏，就像生怕某个在正轨上运转的职位或某种性能，会在他手中搞砸。乃至于，对于某个好物人们原本充满着渴望，但是始终无法得到它，而有人却近水楼台先得月，这时他们就会开始妒忌——他何德何能拥有它？于是这种妒忌的激情愈演愈烈。这种情绪还能够被体谅，因为此时的嫉恨完全是因为没有得到此物，并不波及拥有它的人和进行分派的人。不过，刚正与宽容的人极少妒忌，对于某物，他们也可能渴望了很久，并且与别人水平相当，或者更优秀些，却被他人先一步得到，那人还不与他们共享。此时让他们一点不怨恨是不大可能的。一般情况下，人们更容易妒忌他人所获得的荣誉。这是由于，尽管荣誉是他人获得的，并不会影响我们为之努力，但会导致前行的路异常坎坷，于是大家要为此做出的牺牲就更多了。

36. 为何善妒之人一般脸色晦暗？

世上所有的恶行都会危及人们的幸福，其中妒忌尤甚。这是由于妒忌时，不但妒忌的人会受到折磨，而且他们还会千方百计不让他人舒服。善妒之人，一般脸色都会暗沉，即惨白中会透着黑黄，如同人皮肤肿块中所呈现出的青色那样，因而拉丁语以"青蓝色"为妒忌定名。在之前的章节中我们提到过，人们产生痛苦与仇恨的激情时，血流的状态与妒忌时的血流状态相似。人仇恨时，胆汁会转为黄色，并从肝脏的下方淌出来，脾脏中也会被刺激得流出一些黑状物，经过人体大动脉的输送，它们先到达心脏中，然后散布到全身各处的静脉中；人痛苦时，静脉中的热能减少，血液相较平时流得更慢，于是它的颜色也开始转青。不过，无论是黄的还是黑的胆汁，也完全会因其他的可能进入静脉中，倘若人的妒忌心不是很严重，并且妒忌的周期也很短，就不会因此导致面部的血液转青，所以，并不是脸色铁青的人都善于妒忌，这点是不正确的。

37. 谈谈同情。

同情首先是哀伤的，带有爱的成分，出发点是好的。有些人遭受了本不该遭受的困难，人们不舍得看他们受苦，于是产生了这种心理。同情和妒忌是相反的，它们彼此对应的对象有差别；同情和妒忌也是相对的，面对对象时的态度也有区别。

38. 一般容易产生同情心的都是哪些人？

有些人十分懦弱，总是觉得自己命运多舛。这些人更容易产生同情心是由于他们认为他人遭受的不幸落在自己身上的可能性非常大。于是，他们被对自身的爱催动着，而不是被他人的不幸感染，于是情绪变得激动起来，就产生了同情的激情。

39. 为何最宽容的人会受此激情的感染？

不过，那些最宽容的人，还有那些精神强大的人，他们不会畏惧什么灾难，当然也不会甘心听从命运的安排。但是当有人处境悲惨，并不断地怨恨命运时，他们也会对此产生恻隐之心。宽容的特征之一就是，对所有的人都抱有良善之心。不过，来自悲悯的哀伤并不太酸涩，人们看舞台剧时，往往会触景伤情，这二者很相像。观剧时触发的伤感，只涉及精神的浅层能感知的部分，并没有延伸到精神深幽的部位。此时，灵魂意识到自己天职之所在，对那些可怜人产生恻隐之心，并能够生出成就感。不过，对于不同的人，悲悯的体现是有差异的，一般人会怜悯那些委屈牢骚的人，总觉得他们承受着难以承受之重，是很心酸的，但那些高尚之士并不如此，让他们心生悲悯的是那些委屈牢骚的人的懦弱无为，高尚之人从不觉得天降不测会那么可怕，导致人们无力承受，并且让人变得懦弱不堪。高尚人士疾恶如仇，不过对于那些容易犯罪的人，他们并不会仇恨，而只是同情这些人罢了。

40. 何人没有悲悯之心？

有些人用心险恶，还妒贤嫉能，因而他们当然会对所有人怀有敌意；有些人生性冷漠，一点点好运就让他们不知所以；有些人自己命运悲惨，心如死灰。所以那些从没想到世上还会有不测发生的人，才最可能成为没有悲悯之心的人。

41. 为何悲悯之人常会流泪?

产生悲悯时，人们往往爱流泪。这是由于，这种激情中爱的情感，能促使血流的速度加快，于是无数的血液奔涌到心脏中，所产生的无数水汽通过眼睛散发出去；但是人痛苦时变得十分冷漠，血液温度降低，于是会导致水汽的运行速度变慢，从而化为泪水流出。我们之前讨论到眼泪的产生时就曾这样指出。

42. 何为欣然自得?

有些人做事一直会秉承自我的道德标准，从而变得欣然自得，这属于灵魂特有的习惯，我们认为这也属于精神上的淡泊与宁静。不过，觉得自己才完成的某个收效显著的举措非常成功，这时的称心如意就是一种激情，是激情当中最令人喜悦的，属于兴奋的一种，来源于我们自己。但是，当令其产生的因素并不充足时，也就是当大家觉得这种行为无足轻重时，或是有些险恶时，那么这举动就很怪诞，会使人变得脆弱而傲慢。大家必须特别留意，有些人一直自诩特别忠于某种宗教，其实他们做得有些出格了，换而言之，他们进入教堂、进行祷告、剪掉长发、沐浴、斋戒、进行施舍，觉得自己这样做就尽善尽美了，觉得神也很重视这些，所以所做之事都会顺应神的旨意。他们所产生的这种激情其实并不坏，但是有时这种激情也会无形中唆使他们去做一些丧尽天良的坏事，譬如他们可能会敌视自己的城市，谋杀君王，倘若激起民愤，就会对群众杀而后快。

43. 谈谈懊悔。

懊悔与欣然自得相对，常常是由于人们知道自己做错了本不该错的事，属于痛苦的一种。这种激情让人内心十分痛苦，是由于它是自己的过失所导致的恶果。不过，这并不影响这种激情仍有积极的一面。能让我们后悔不迭的做法肯定是十分差劲的，当我们意识到出错后，以后如果遇到相似的问题时，肯定就能做得相对好一些。不过，最常见的是，在还不知道自己的行为是对是错时，那些比较脆弱的人就已经开始后悔不迭。为什么会这样呢？是由于担忧过甚，而且，哪怕他们做的明明是好事，也会产生某些懊悔，这是由于他们人格的缺失，这会引起大家产生恻隐之心。想弥补这种不足，可以采用处理优柔寡断的方式。

44. 谈谈喜欢。

喜欢其实属于一种渴望，渴望者期待在他们喜欢的人身上出现某些美好的事物，但是我在此指的是一种美好的愿望，往往是由我们对其有好感的人的一些良好举动在我们身上引发的。我们会顺理成章地喜欢这些人，即使他们并不能带给我们什么利益。从这个层面来看，此时的喜欢已经是一种热爱，不单纯是一种期盼了，虽然此时我们也很希望，我们赏识的人会与那些美好的事物不期而遇。喜欢的激情常常与悲悯密不可分，因为厄运降临到那些可怜人的身上，我们却更容易关注到他们对社会的贡献。

45. 谈谈感谢。

感谢也属于爱的激情，有些人的做法让我们感激不尽，我们看到他们的所作所为，知道他们是在帮助我们，或是试图要帮助我们。感谢中也含有疼爱的成分，除了这些，感谢的出现需要有一定的行为基础：这种行为深深打动了我们，以至于让我们想要投桃报李。因此就能理解，那些光明磊落、豁达大度的人，经常会带给别人更多的感激。

46. 谈谈恩将仇报。

恩将仇报不属于任何激情，人的身上从没有什么天生的动物精气会引发这种情绪，它是一种恶行，与感谢正好对立。感谢从来都是符合道德标准的，是人与人之间进行联系的一道根本的桥梁。所以，恩将仇报这种恶行总是出现在那些暴戾恣睢、目中无人、自以为自己就该占有一切的人，或是那些愚昧无知、自己尝到甜头却不自知的人身上。那些生性懦弱却厚颜无耻的人也会恩将仇报，他们一直认为自己有缺点，于是寡廉鲜耻地要他人帮忙，但每当达成愿望后，他们就视恩人如仇敌，这是由于他们得到了好处，但是并不想偿还别人，或是自知没有任何能力来偿还，反而以为别人同他们一样欲壑难填。因此这些人即使做了某件好事，也是为了他人的报答，于是他们以为自己在别人意识不到的情况下占到了便宜。

47. 谈谈激愤。

激愤是憎恨或反感的体现之一。人的天性使然，不管何种恶行，都会惹人愤怒。激愤的激情一般会掺杂着妒忌与可怜，但是，面对的事物千差万别。通常，有些人窃取了别人应得的利益，还有的人无辜遭受厄运，这些都能让人们产生激愤。妒忌是针对那些窃取别人利益的人，而对于无辜蒙难的人，人们只会产生同情。有些人确实是以此为办法为非作歹，占有了那些原本属于别人的美物。我想或许就因为如此，亚里士多德还有他的拥趸者们，一直把妒忌假设为恶行之一，把本来不具有恶的妒忌称为"激愤"。

48. 为何有时激愤中带有悲悯，有时却带着讥笑？

也许有些人真的是人们所说的咎由自取，所以，对于他们，总有人虽然气愤，却又为他们感到惋惜；自然，也总有部分人会讥笑他们，程度到底如何，得看他们如何看待这些犯错者：假如他们对犯错者还寄予希望，那么就会又激愤又惋惜，否则，就是又激愤又嘲讽。因此就可以理解，为何面对一样的情况，德谟克利特会放声大笑，但赫拉克利特却会失声痛哭。

49. 激愤常伴随着惊讶，与侥幸有时能并存。

人激愤时，一般也会产生惊讶。这是由于，我们常常觉得一切事情的产生，都会按照我们预想的方式完成，所以，如果事情的发生让我们始料不及，我们就会目瞪口呆。激愤和侥幸有时能同时存在，虽然激愤常常伴随着痛苦。这是由于，当让我们感到激愤的恶行并不会发生在我们身上，而且我们深知自己绝对不会去做这类恶事时，我们就会感到侥幸。

50. 如何使用激愤？

相较于有涵养的人，那些急不可耐想表现自己的人，激愤来得更明显些。这是由于，当看到一些恶行丑态时，那些修养好的人就会产生憎恶，不过，他们的激愤一般只针对那些影响力巨大的或是非常特殊的恶性事件。对于不太起眼的事情，若想要人们心生激愤或是变得无比悲痛相当不易；还有，有些人本就没有过错，若对他们产生愤怒，似乎也不恰当；最后，人类不能任由这类激情无限蔓延，它们不能在神灵或是自然界的杰作中出现，只能出现在人类活动的区域内，否则，只能导致那些从不会满足于自身命运的人，不知天高地厚地去攻击人世规则或是宇宙的奥秘，这是不恰当的，并且相当荒谬。

51. 谈谈发怒。

发怒属于一种憎恨或嫌恶，对于那些闯了祸，或是试图伤人的人（不是针对任意一个人，尤其是我们自己的人），我们会倍感愤怒。愤怒与愤懑本质上是相同的，并且，愤怒的前提是，某种行为深深地激怒了我们，我们希望能对其施以惩罚。因为在发怒的同时，总是产生这种想惩罚对方的想法，因此，发怒与感谢相对，如同愤懑与喜欢相对那样。不过，其他三种激情都没有发怒来得强烈，这是由于愤怒时，急于击溃敌人、欲对其施以惩罚的心理太迫切了。因为涉及人们对自身的关爱，因此这种迫切心理就让血液流动得特别快，为发怒创造了特殊条件，人志气满满或是勇敢的时候，血液也会如此；因为产生了憎恶的心理，所以脾脏与肝脏的部分微小静脉会分泌出胆汁，汇入血液中，然后被驱动着来到心脏。心脏中的血液十分充沛，胆汁的汇入，让血液也带有胆汁的特点，从而形成了某种非常奇特的能量，且来势汹汹，运动得十分剧烈，远远要超过由热爱与兴奋所带来的能量。

52. 为何人们对那些一发怒就面红耳赤的人的惧怕，要比一发怒就面无血色的人要轻一些？

　　激情在人身上的具体表现形式是有区别的，至于到底怎样，得由人们的品德及构成它的成分，还有与这些相关的激情状况如何来决定。我们会发现不少人一愤怒就面无血色，或是全身战栗，不过还有的人会面红耳赤，甚至涕泪纵横。大家觉得那些一愤怒就面无血色的人，比起那些一生气就面红耳赤的人更让人提心吊胆，这是因为，当人们企图只以脸色或语言来抨击对方时，就会有情绪变化，就已开始调动自己全身的能量与力量与之周旋，于是面色逐渐转红。特别是面对猝然间的某些意外状况，人们丝毫不能按照既定计划来打击对方，他们心中十分懊恼，觉得自己非常可怜，就开始痛哭。有些人时刻准备着狠狠打击对方，却只能掩藏自己的情绪，他们会感到悲哀——因为某件事激怒自己，就非得全力进行反击，他们为此感到非常悲哀，如果他们知道自己的报复会造成很严重的后果，他们就会惶惶不安，面色如土，浑身冰凉，还不住地打哆嗦。不过，当他们报完仇后，倘若原来浑身冰凉，现在就会开始心烦气躁，浑身发热，和平时人们因为受寒而导致的浑身滚烫非常相像。

53. 常见的发怒有两种，不过那些淳厚和气之人一般表现为第一种。

　　常见的发怒有两类：第一类来得异常快，外在特征显著，但是反应稀松平常，极易因阻挠而停息；另一类貌似毫无显著特征，却让人备受煎熬，后果往往会很严重。温柔敦厚、善于体恤他人的人，他们的发怒一般是属于第一种情形。这是由于，他们的怒火是在某一瞬间被某种突如其来的憎恶感引发的，而不是因为对人们怀有任何敌意。通常他们处理一切事务时，认为按照自己的主张来处理是最优决断，若是状况突变，他们就会无比惊诧，继而火冒三丈。因为他们一贯具有慈悲之心，因而即便没有特殊的事与之相关，对于那些所爱之物也像对待自己一样关切。于是，哪怕让他人只是微微感叹的事情，也会惹得他们瞬间震怒。因为心中总是怀有热爱之心，因此有无数的热能与血液奔涌在他们的心脏中，于是引起激情在他们的血液中澎湃。不过，这样的时间总不会太长，由于惊诧所带来的能量不会一直保持增长的势头，他们会慢慢觉得曾令他们烦闷不已的事物，其实并不值得大惊小怪，因此他们常会为此懊恼不已。

54. 极易产生第二类怒火的常是那些精神羸弱不堪、俗不可耐的人。

　　第二类愤怒的产生，主要是因为憎恨与痛苦。刚开始发怒时的特征并不分明，或许仅仅只能让人察觉到他的面色有些惨白。不过，由于急于攻击对方的心理太过强烈，血液产生急剧的动荡，于是能量慢慢地积聚起来，有胆汁被从肝脏下方与脾脏中推动过来，与沸腾着的血液合在一起，诱发心脏产生一种异常亢奋的带有刺激性的力量。倘若最宽容的人总是怀有感恩之心，那么那些最倨傲、最卑贱、最羸弱的心灵就常常被这类愤怒驱使。这是由于最倨傲的人自视过高，因此很容易觉得自己受到了深深的羞辱，自然，被人夺走的东西他们越在乎，他们就觉得羞辱，还有，他们的精神越是羸弱，越是俗不可耐，就会越在乎这些，这是由于控制这些事物的是其他人，不是他们自己。

55. 对于出格的举动，我们不妨借用宽容来弥补。

　　虽然为了还击那些羞辱，这种激情可以赋予我们勇气，但是为了防止过分使用其他的激情，我们得耗费巨大的精力来应对。这是由于，过分使用它们不利于我们做出正确的决断，从而做出一些令自己后悔的决定。有时，其实这些羞辱并没过分影响到我们，然而过分依赖激情，反倒让我们难以挣脱它们。因为没有什么能比狂妄自大更能令人行为失控，所以，我认为只有无限宽容，才是弥补这些出格行为的最佳办法。这是由于，宽容能让人们专注于自我的灵魂自由与人们对自己的把控（人被无端羞辱时，就会失去把控自我的能力），而不是过多地留心那些或许不再属于他们的美好之物。于是，因为有无限的宽容，即便人们受到外来的攻击，也不会疾声厉色；面对着会令一般人怒发冲冠的羞辱，他们只会投来轻蔑的一瞥，顶多也就是有点气愤罢了。

56. 谈谈荣耀。

我所提及的荣耀属于一种愉悦，它实质上源自人们对自己的热爱，通常是由于人们迫切盼望获得别人的首肯而产生的念头或渴望。荣耀与心满意足还是有差别的，一般人们会在做完某件好事之后出现内心的满足。有时，人们自认为做得并不怎么样的某件事情却被人无端表扬，自己觉得做得十分出色的反而遭到批评。不过，人们对自己的珍视，都可以借助于荣耀与心满意足体现出来，因而可以把它们划归为愉悦的激情。荣耀首先包含着对自我的器重，并期待自己也能被他人如此对待。

57. 谈谈惭愧。

反过来，惭愧是痛苦的一种体现，实质上也源自人们对自己的热爱。一般是由于人们这样那样的念头或是忧虑，总是感觉有人要训斥自己似的。不过，从惭愧也能看出一个人的持重或是谦虚，还有自信心的不足。倘若一个人自我感觉良好，觉得不会被人藐视，便不太可能产生羞愧之心。

58. 这两类激情会产生什么影响？

荣耀与惭愧，会让我们更注重品德的修行，不过荣耀借助于渴望，惭愧借助于担忧，它们产生的效果相同。但是必须警惕一点，有时人们面对的事物，产生要被指责或是要被赞美的倾向时，我们必须反复认真分析，不要学习某些人以认真做事为羞耻，对不良行为却又表示赞许。然而，也不能效仿犬儒主义者彻底剔除这些激情的行为。因此，即使寻常百姓的想法有些落伍，但我们与他们天天接触，也要首先得到他们的支持，所以在有关生活阅历方面，要借鉴他们的想法，而不能只考虑我们自己的感受。

59. 谈谈恬不知耻。

恬不知耻或肆意妄为，一般都会忽略羞耻，践踏荣誉。它不属于激情的范畴，这是由于人体中所有动物精气的运动都无法造成这种后果。它是一种恶行，与惭愧、荣誉积极的一面截然相反，正如恩将仇报对感激，冷漠对悲悯那样。人们之所以会恬不知耻，是由于他们以前被多次欺侮过。所有人小时就知道被赞美是好事，卑鄙是可耻的，这比起我们自身靠生活中的几次摸索感触到的更有说服力。但是，倘若人们被三番五次地侮辱，而且随着时间推移变本加厉，他们就会发觉并没有人尊敬他们，他们一直被人轻视着，于是就慢慢变得有些恬不知耻。他们分辨事物是好是坏，完全以是否有利于自己为先决条件，并发现自己虽然如此恬不知耻，但似乎并没有改变什么；他们绝不会为了所谓的名声而担心背上骂名，于是就觉得心安理得。假如那些美好之物从他们眼前消失，他们也因此变得十分可怜，这时倘若有人为他们雪中送炭的话，就会让他们愈发肆意起来。

60. 谈谈厌烦。

厌烦属于一种伤感，同愉悦的产生原理相同。于我们而言，一般情形如此：我们大多数的热爱之物，只会在特定的时间内有利于我们，日后就不能满足我们的需要。当我们饥饿时，能吃饭喝水就是对身体有帮助的，我们毫无食欲时，吃饭喝水反而会对我们的健康造成伤害，此时食物的美味，再也不是人们的享受了，这类激情就是厌烦。

61. 谈谈痛惜。

痛惜属于一种伤感，含有一种极特殊的苦楚。这种激情常会伴随着小部分绝望，还有某些快乐的回忆。对于稍纵即逝的美好之物，我们痛惜不已，这是由于它们已经不复存在，而且我们无法再次拥有它们，我们就会嗟叹不已。

62. 谈谈欢喜。

最后谈谈欢喜，它属于愉悦的一种，它非常特殊，虽然以前的厄运给人们留下了某种印象，但是人们能将其削弱，并转化成甜美的记忆，并不断地增加这种感受。如此一来，就恍若身上的千钧重负被一下子抽走了一般。我认为不必对这三类激情太过于重视，之所以在此提及，仅是完成我们先前的排序而已。不过于我而言，完成这种排序能帮助我们察觉所有应该深思熟虑的激情到底有没有疏漏。

63. 弥补激情缺陷的常见办法。

如今我们已经熟悉了一切种类的激情，因此，能引起我们忧虑的事物减少了许多。这是由于我们所接触的激情相对来说都是有益的，只要扬长避短，或是防止运用过当就没问题了。不过，因为我在弥补缺陷前会提前研究一番，并在对策上进行一番调整，所以大家按照我的操作，多加实践，把血液与动物精气的运动同与之相关的想法进行区别，那么就能弥补自己性格的不足之处了。我也很清楚极少有人会筹备妥当后再去处理种种问题，何况那些被相关事物引发的激情，一上来就能与大脑相应部位所存储的有关印象产生密切联系，当然，我们的灵魂并没有参与促成这些，如此一来，倘若人们没有进行充足的筹备，依靠人们的聪明才智，也绝不能阻止这些发生。因为这个原因，被人胳肢身上发痒时，人原本并不高兴，但也会情不自禁地发笑。这是由于之前人们对此类举动产生过愉快与惊奇，他们的大脑中存有相关的印象，此刻忽然苏醒。于是，人们甘心也好，不甘心也罢，心脏输送血液使得人的肺脏一下子全部开始扩张。因此，那些易被情绪左右的人，就受到兴奋、悲悯、恐惧、愤怒等激情的影响，不能自已，有时大哭，有时颤抖，有时情绪高涨。某种事物以它无穷的热情，让人们深陷其中，使他们的联想变得丰富起来，越发亢奋起来。不过，面对此情此景，我们必须预防激情泛滥，我觉得人们通常的做法，也是最有效的弥补方式，是一觉察到热血沸腾的时候，就开始警觉，大家可以设想在灵魂当中，某些成分可能会有欺瞒性，或过于理性，于是人们就认为自己对于此物有些热情过度了，因此对其产生的激情就会淡漠很多。当我们察觉到这种激情不会在短时间内消失后，就必须告诉自己在此期间千万不要轻易下结论，赶紧专注于别的念头，血液中的这种激情会随着时间的推移与人的调控而有效地减少。还有最后一点，当激情试图让人当时就下决断时，我们必须凭借毅力，认真思量，有些念头与产生这些激情的缘由截然不同，虽然还不太明显，但可以借鉴。就好比当有哪个敌人猛然袭击时，人们根本无暇多想。不过我认为，有些人审视自己的活动已成惯性，当他们感到恐惧时，就能竭力使自己忘却凶险的处境，会告诉自己不要坐以待毙，奋起一搏反而可能会自保，也会更加光荣。同样，虽然他们想极力打击对方，极度的愤怒也会让他们想毫不犹豫地突入敌阵，但他们自然会考虑到，假如自己能体面地避开正面对垒，那么自己莽撞地撞到枪口上去就得不偿失了，况且自己与对方并不是势均力敌，因此最保险的办法就是，赶紧打马回营，或是暂时退后驻扎，没必要一定把自己逼到绝路上去。

64. 上述激情，影响着人生全部的善恶。

另外，灵魂能自得其乐。不过愉悦只要同时涉及灵魂与肉体，那么只能完全取决于人体所产生的激情。于是，那些最易被激情支配的人，就能啜饮生活的佳酿了。自然，当他们还无法自如地驾驭自身的激情，并且命运多舛时，他们能品尝到的也只有生活的苦果了。然而，人们的聪明才智可以在此大展身手，能够引导人们去驾驭自身的激情，并能十分高明地对其进行部署与调控，因此，人们就能承受得住那些也许会招致恶果的激情，乃至于人们在与恶斗争的过程中，竟能获得某种愉悦感。

《论灵魂的激情》编后记

在西方哲学史上，从未停止过对激情的探讨；关于激情的产生、内容与作用，也是观点各异。激情理论的发展也是漫长而曲折的，大体可以分为四个阶段：古希腊时期、中世纪时期、近现代时期、后现代时期。不同时期，激情的思考主体是不同的，如古希腊时期以亚里士多德、斯多葛派等为代表，激情思考的主体是大自然；中世纪以经院学派托马斯·阿奎纳等为代表，激情思考的主体是神灵；近现代时期以笛卡尔、霍布斯等为代表，激情思考的主体是人自身；后现代时期以海德格尔、罗素等为代表，激情的主体是存在或语言等。

笛卡尔被认为是现代激情理论的奠基人，因为他改变了在他之前的人们在哲学上对激情的探讨思路。亚里士多德认为激情是人类本身的一种"承受"状态，阿奎纳则认为激情是灵魂渴望的力量的体现，并继承了亚里士多德的观点，发展了激情的定义，认为它是人体和灵魂相结合的一种"承受"状态。而笛卡尔认为激情是灵魂本身的一种现下知觉或体验。笛卡尔对激情的这一定义是从前的哲学家未有过的，具有一定开创性。笛卡尔关于激情的探讨主要集中于《论灵魂的激情》一书。虽然相较于他的其他著作，如《第一哲学沉思集》《哲学原理》等，《论灵魂的激情》知名度并不高，但其重要性丝毫不逊于那些哲学名作。该书是了解激情理论的必读书籍之一，凝聚了笛卡尔对人的精神情绪与身体的关系的所有思考，也可以看作他关于心灵问题的一部重要著作。

该书分为三部分：第一部分讲述了何为激情、激情的产生原理、激情的作用、灵魂与激情的关系和灵魂对激情的作用等；第二部分讲述激情发生的因素、激情对我们的影响、六种基本激情特点等；第三部分讲述了一些特殊的激情，如重视、藐视、宽宥、自傲、恐惧等以及它们对人的影响，以及如何控制、弥补这些激情……

值得一提的是，笛卡尔认为良好的品行也是一种激情，而且能够帮助我们控制不良激情，如嫉妒、欲望、贪念等，并且这种良好品行是可以培养的。进一步讲，笛卡尔希望我们不要被激情奴役，成为激情的奴隶，否则终究会陷入不幸。我们应该学会用自己的意志与决心控制激情，并培养自己的德行，弥补那些不好的激情的过失，以帮助我们趋利避害，更好地掌控人生。

阅读本书，不仅能了解激情学说，还能加深对笛卡尔哲学体系的认识与理解。对于想要了解笛卡尔哲学思想的人，本书值得一读。

当然，由于本书出版于 1649 年，其中一些观点、提法等明显存在时代局限性，为保持原著的完整，本次翻译出版极少删改，相信读者会用分析的眼光和态度去研读这部著作。

编者